언어의 정원

박달회 50주년 기념식

#의사수필동인 박달회 창립 50주년 기념식 당시 회원들 단체 사진
(2023년 12월 12일 이비스스타일앰배서더서울 명동)

윗 줄 왼쪽부터 양은주, 조재범, 홍영준, 박종훈, 곽미영, 홍지헌, 박문일, 양훈식, 채종일, 홍순기
아랫줄 왼쪽부터 정준기, 최종욱, 유형준, 한광수, 김숙희, 이헌영, 이상구

2023년 12월 의사수필동인 박달회가 창립 50주년을 맞이했다. 당시 박달회 김숙희 회장은 '박달회가 50년 동안 지속할 수 있었던 힘은 선후배 간의 존경과 배려, 문학에 대한 열정 덕분'이라고 밝혔다. 기념 행사에서는 유형준 전 박달회 회장이 '50년 박달회 연혁'을 통해 박달회의 살아있는 역사를 소개해 눈길을 끌었다.

 카페 소개

어느 문학 동인회든 이름을 갖고 있다. 갖가지 연유를 담고 있는 게 예사이더라도 어차피 보이고 들리며 닿는 것은 그 이름이다.
'박달회'의 '박달'. 이제는 애를 써도 제삼자의 객관성을 견지할 수 없음을 즐거이 고백하며 박달을 이야기한다.

cafe.naver.com/doctoressay

박달회 정기모임

윗 줄 왼쪽부터 곽미영, 유형준, 박종훈, 채종일, 김숙희, 홍순기
아랫줄 왼쪽부터 홍지현, 박문일, 한광수, 최종욱, 이상구

2025년 11월 4일 서초동 설국에서 11인의 필자가 참석한 가운데 박달회 정기모임을 가졌다.(정준기, 양훈식, 홍영준, 이헌영, 양은주, 조재범 저자는 개인 일정상 참석하지 못했다.)

2025년 7월1일,
박달회 정기모임에 앞서
국립의료원(NMC) 안에 있는
박달나무 앞에서
박달회의 의미를 새기며
(홍영준, 김숙희, 박문일, 박종훈)

서문

〈박달회 52집을 출간하며〉
副題: Do no harm

근 2년 넘게 이어진 의료대란 속에서, 어느 날 후배 의사에게서 들은 말이 있습니다.

"선배님, 이렇게 심각한 상황에 선배 의사들이 행동은 하지 않고, 고상하게 수필만 쓰신다면 뭐가 달라지겠습니까?"

당돌한 그 말에 한동안 아무 말도 할 수 없었습니다. 그의 말은 거칠었지만, 그 안에는 우리가 외면해온 불편한 진실이 담겨 있었습니다.

최근 사직 전공의들이 복귀를 시작하면서, 표면적으로는 의료대란이 진정되는 듯 보입니다. 그러나 그 상처는 쉽게 아물지 않을 것입니다. 필수의료과의 정상화는 여전히 요원하다는 것이 의료계 안팎의 중론입니다. 돌이켜보면, 이 모든 혼란의 시작은 정부의 단순무식한 계산에서 비롯되었습니다. 의사 수가 부족하니 정원을 2,000명 늘리면 된다는 식의 판단이었습니다. 그러나 우리는 오래전부터 말해왔습니다. '의사가 부족한 것이 아니라, 필수의료를 견딜 수 없는 환경이 문제'라고.

필수의료과에 몸담고 있는 저 역시, 그 말이 얼마나 옳은지 매일 체감합니다. 응급실의 새벽, 또는 피로와 긴장의 분만실에서, 환자의 생명을 붙잡을 때마다, 의사라는 직업은 더 이상 단순한 생업이 아니라 존재의 이유가 됩니다. 그러나 그 길은 갈수록 외롭고, 더 이상 안전하지도 않습니다. 젊은 의사들이 필수의료를 기피하는 이유는 명확합니다. 그들에게 'Do no harm'은 더 이상 존엄한 신조가 아니라 현실에서는 불가능한 요구가 되어버렸기 때문입니다.

의료대란 당시 저희 병원에서도 사직 전공의 몇몇이 아르바이트로 근무했습니다. 짧은 대화 끝에 그들이 남긴 말은 결국 같았습니다.

"선배님, 글만 써서는 아무것도 바뀌지 않습니다."

맞는 말이었습니다. 글은 세상을 직접 움직이지 못합니다. 그러나 글에는 사람의 마음을 흔드는 힘, 생각을 일깨우는 울림이 있습니다. 그래서 문득 떠오른 문장이 있었습니다.

Primum non nocere. - 무엇보다, 해를 끼치지 말라(Do no harm).

이 고전은 수천 년 동안 의학윤리의 첫 줄에 자리해 왔습니다. 하지만 오늘날의 의료현장은 이 명제를 그대로 따를 수 없게 만들었습니다. 환자를 살리려는 모든 시도는 어느 정도의 위험을 동반합니다. 심폐소생술 중 갈비뼈가 부러질 수도 있고, 응급 투약 후 예상치 못한 부작용이 생길 수도 있습니다. 그럼에도 의사는 환자의 생명을 위해 손을 내밀어야 합니다. 그런데 지금의 사회는 그 손을 '위험'이라 부르고, 그 책임을 온전히 의사에게 돌립니다. 이 현실 속에서 'Do no harm'은 윤리의 이정표가 아니라 두려움의 족쇄로 변했습니다.

그럼에도 의과대학에서는 여전히 이 문장을 학생들에게 가르칩니다. 그러나 이제는 시대가 요구합니다. '해를 끼치지 말라'를 넘어, '선을 행하라(Do good)'는 새로운 윤리로 나아가야 한다고. 진정한 의사란 위험을 피하는 사람이 아니라, 선을 위해 두려움을 감수하는 사람이어야 합니다. 그리고 그런 의사들이 안심하고 진료할 수 있는 사회적 토대가 마련되어야 합니다. 의학의 본질은 언제나 불확실성과의 싸움이었습니다. 치료는 언제나 양날의 칼이고, 완벽한 무해(無害)는 존재하지 않습니다. 그럼에도 불구하고, 의사는 '옳은 일'을 선택해야 합니다.

2020년 의사단체행동 당시 나누어준 팔찌에는 이런 문구가 새겨져 있었습니다.

Do no harm, do right. - 해를 끼치지 말고, 옳은 일을 하라.

이제는 여기에 한 문장을 더하고 싶습니다.

Do good, even when it hurts. - 고통이 따르더라도, 선을 행하라.

그것이야말로 의사라는 이름의 품격이며, 우리가 다시 사회와 신뢰를 잇는 길일 것입니다.

알량한 글만 쓰지 말고 행동에 나서라는 후배의 따끔한 충고가 다시금 우리를 부끄럽게 합니다. 그러나 저는 믿습니다. 글로 세상을 바꾸지 못하더라도, 글로 마음을 흔들 수는 있다고. 의료대란의 와중에 우리의 글쓰기는 어쩌면 그들에게 우리의 침묵으로 보였을지도 모릅니다. 조용하지만 흔들림 없는 박달같은 단단한 걸음으로, 오랜 세월 의사의 양심과 품격을 지켜온 회원님들, 우리의 글이 그들의 마음을 움직이기를, 그리고 그 마음이 다시 세상을 향해 나아가기를 소망합니다.

2025년 11월
의사수필문학동인 박달회 회장 박문일

목차

서문
박달회 52집을 출간하며　4

곽미영 · 13
우연　15

정준기 · 23
'새가 알을 깨고 나오기'와 줄탁동기　25
진선미와 수필　29

김숙희 · 35
프랑스 파리 자유여행　37
간절함에도 나이가 있다　46

박문일 · 53
'무위(無爲)'에 대하여　55
기억은 다시 길이 된다　60

박종훈 • 67
60세 의사   69
나는 나쁜 의사인가?   74

홍순기 • 81
흐린 아침, 단상(斷想)   83
언어의 정원   87

양훈식 • 93
폭싹 속았수다!   95
슈바이처의 후예   101

양은주 • 107
통증, 침묵, 그리고 존재의 응답   109
기념일, 시간이 나에게 남긴 것들   115

목차

한광수 · 123
Hafa adai 하파데이　　125
이루지 못한 MASTER 팀 창설의 꿈을 아쉬워하며　　132

최종욱 · 139
베고니아　　141
하심　　144
태자단지　　147

홍지헌 · 151
거미는 무엇으로 사는가　　153
전화가 오지 않는다는 전화가 왔다　　157

홍영준 · 163
푸른 뱀띠 소년들의 꿈　　165
나의 AI 글쓰기 선생님　　170

조재범 · 175
시바사부로　　177

채종일 · 183
건강검진 공포　　185
아마존강 상류의 수상가옥　　192

유형준 · 199
진료는 무엇으로 겨냥하는가?　　201
새벽이다　　206

이상구 · 213
Phaedra 죽어도 좋아　　215
세상에 영원한 것이 있을까?　　219

곽미영

profile

서울 출생
이화의대, 동대학원 졸업
제일병원 산부인과 전공의 수료(산부인과 전문의)
일본암 부속병원, 미국 시카고의대 산부인과(생식면역학) 연수
직선제대한산부인과의사회 보험 부회장(전)
대한개원의협의회 공보부회장(전)
대한검진의학회 이사, 자문위원(전)
중앙대학교병원 건강증진센터 부인과 교수(현)
직선제대한산부인과의사회 최고고문(현)
독서신문 전문위원(현)

주　소 | 서울시 동작구 흑석로112 중앙대학교병원
이메일 | fmyk21@naver.com

우연

　　　　퇴근길에 다정관 앞 가로등을 정면으로 들이박고 회색 자동차 한 대가 보닛이 완전히 우그러진 채 서있었고, 찬 아스팔트 바닥에는 누런 점퍼를 입은 사람이 움직임 없이 누워있었다. 의사 두 명과 간호사들 그리고 몇몇 사람들이 현장을 둘러싸고 있었지만 무슨 이유에서인지 환자는 그대로 바닥에 누워있었다. '왜 처치를 안 하고 그냥 서있지?' 하며 주차장에서 나오다 보니 환자는 이송카트에 실려 병원 안으로 들어가고 있었고, 경찰 아저씨 두세 명도 보였다. 아마 경찰을 기다리고 있었던 것 같다.

　　'차도도 아니고, 저런 심한 사고가 날만한 공간이 없는데 무슨 일이 있었을까?'

　　'초보 운전자였나?'

'말로만 듣던 급발진이라도 생겼던 것일까?'

혼자 여러 가지 질문을 하며 병원을 빠져나왔다. 사고가 발생하지 않았어야 하지만, 그래도 대학병원에서 다쳤으니 산골짝이나 외진 길에서 사고가 난 것보다는 너무나 다행이란 생각이 들었다.

명의를 만나 생명을 구했다는 환자들이 많다. 물론 뛰어난 의술이 없었다면 절대 목숨을 건질 수 없었겠지만 그들의 생존담에는 종종 설명하기 어려운 작은 디테일이 빠져있다.

한 90세 어르신이 뇌출혈이 의심되어 신경과 전문병원에서 온갖 검사를 받았다. 별 이상이 발견되지 않아 온 가족이 기분 좋게 주차장으로 내려갔는데, 어르신을 모시고 온 60대 후반의 아들이 자동차 문을 열다 갑자기 어지러워하며 다리에 힘이 빠지고 한쪽으로 휘청 쓰러졌다. 깜짝 놀라 그 자리에서 다시 병원으로 올라가 부랴부랴 응급 검사를 받았고 진단명은 뇌경색이었다. 환자는 곧바로 적절한 처치를 받을 수 있었고, 빠른 처치로 발견이 늦어져 올 수 있는 많은 후유증들 없이 잘 회복되었다. 정확한 진단과 처치를 담당했던 담당 의사선생님의 정교한 의술 덕분임은 말할 필요도 없다. 그런데 하필 그때, 신경과 전문병원 지하 주차장에서 증상이 발생했고, 그로 인해 빠른 진단과 즉각적인 치료를 받을 수 있었던 타이밍, 그 절묘한 우연성에 대해서는 명확히 설명하기 어렵다. 만약 집에서 이런 증상이 나타났다면, 많은 사람들이 그렇듯이 피곤해서 그러려니 하며 방치하였을 것이고, 병은 심화되어 어떤 결과가 초래되었을지 아무도 모른다. 제아무리 의술이 탁월한들 어쩔 수 없는 부분은 늘 존재한다.

 반대의 상황도 있다. 우리나라에서 몇 손가락 안에 꼽히는 B 병원에서 간호가가 뇌출혈로 쓰러졌다. 이 병원은 언제든 뇌출혈 환자 수술이 가능한 신경외과 선생님과 시설이 갖추어진 곳으로 누구나 이 병원에서 치료를 받기 원한다. 평소 같았으면 환자는 즉시 수술을 받을 수 있었을 것이다. 그런데 그날은 전문 의사선생님이 지방에서 열리는 학회에 참석 중이었고 적절한 응급 치료가 불가능했다. 환자는 D 대학 병원으로 전원 되었으나 결국 사망하였다고 한다. 왜곡된 의료 시스템은 의료환경의 악화를 야기했고, 3D과 중 하나인 신경외과 교수는 찾아보기도 어려운 시절로 그렇게 큰 병원에도 응급수술을 담당할 수 있는 전문 의사는 한 분뿐이었다는데 바로 그 순간에 의사선생님은 병원에 없었던 것이다. 모든 것을 겸비한 B 병원 같은 곳에서 일하는 직원이라면 어떤 상황이든 언제든 최고의 진료를 받을 수 있을 것이라고 생각하였을 것이다. 그런데 왜 하필 그때 그 의사 선생님은 학회에 참석하고 있었는지, 인간의 힘으로는 바꿀 수도 피할 수도 없다는 '천명'이란 단어가 떠오른다.

누구에게는 그 타이밍이 생명줄이 될 수도 있고, 어떤 사람에게는 그 우연이 큰 재앙이 될 수도 있다. 누가 어떤 우연을 만나게 될지는 알 수 없다. 한 치 앞도 모르는 인간이 우연을 예측하며 산다는 것은 불가능하겠지만, 자신에게는 늘 좋은 우연만 일어나기를 은근히 기대하는 것 또한 이상한 일은 아니다. AI 시대에 생뚱맞게, 그것도 환자의 생명을 책임지고 있는 의사가 우연이나 절대적 힘에 대해 논한다는 것이 이상해 보일 수도 있다. 묻기만 하면 척척 답이 나오고, 알고리즘에 따라 빈틈없이 해결책을 내놓고, 원하는 대로 바라는 대로 무엇이든 만들어 내는 시대, 혹자는 이러한 AI 덕에 우연은 사라지게 될 것이라고까지 주장한다. 그러나 지금도 많은 과학자들은 혼신의 힘을 다해 수많은 실험을 거듭하며 실패와 낙담의 연속 속에서도 우연히 세기적 발명들을 하고 있다. 우연한 발견 'serendipity', 오래전 페니실린과 뢴트겐의 X-선 발견이 그러했고 최근의 비아그라와 위고비가 그러하다. 우연 속의 의학의 발달과 함께 의사들의 실력 향상은 많은 어려운 질병들을 극복할 능력을 갖게 하였고, 과거에는 사망할 수밖에 없던 많은 환자들이 건강을 되찾고 일상으로 돌아가고 있다. 그럼에도 불구하고 아직도 불치병은 많고, 이 순간에도 묵묵히 진료에 임하고 있는 많은 의사들은, 우연한 발견을 위해서가 아니라, 자신의 환자들의 치유를 위해 실력 향상과 술기 개발에 밤잠을 설치고 있다. 얼듯 의학도 종교도 보이지 않는 것, 범접하기 어려운 것에서 해답이나 진리를 찾아내고자 하는 점이 서로 비슷해 보이기도 하지만, 그 우연이니, 타이밍은 결코 의사들의 영역은 아니다.

작은 점으로 시작하여 열심히 뛰기 시작했던 태아의 심박동이, 일주일 후 다시 초음파 검사를 하는 중에 불규칙해지며 제대로 뛰지 못하고 서서히 멈추어가고 있었다. 더 이상 의학의 힘을 바랄 수도 없는, 그저 바라만 보고 있어야 하는 무기력한 상황에서 단지 하나님께 태아의 심장을 다시 뛰게 해달라고 간절히 기도하는 수밖에 별 도리가 없었다. 그렇게 오랫동안 기다리던 임신을 확인하고 환하게 웃던 환자 앞에서 감정에 휘둘리지 말아야 한다고 배운 의사임에도, 어찌 덤덤히 환자를 바라봐야 할지, 이 상황을 어떻게 설명을 해야 될지, 내 잘못도 아닌데 죄인인 양 그 상황을 피하고만 싶어졌다. 의사는 어느 순간 그 결과를 겸허히 받아들이고 아무리 버겁더라도 감내해야만 하는 평범한 인간일 뿐이다. 생명의 길고 짧음은 인간의 힘으로 어찌할 수 없음을 인정할 수밖에 없을 때 우연의 힘을 기대하게 되는 것은 어쩌면 인간의 한계인지도 모르겠다.

얼마 전 해외토픽에 한 장의 사진이 올라온 적이 있다. 하얀 가운의 의사가 한 손으로 벽을 짚고 쭈그려 앉아있는 뒷모습으로 푹 숙인 머리와 축 처진 어깨가 너무 슬퍼 보였다. 지나가던 응급처치사가 찍었다는 이 사진은 온 정성을 다해 치료하던 어린 환자의 죽음으로 비통에 잠긴 한 의사의 사진이었다. 최선을 다했지만 자신의 환자를 잃어야만 했던 아픔과 동시에 환자를 살리지 못했다는 자책감이 그대로 느껴졌다. 의사라면 경험해 보았을 그 안타까움, 자신의 한계를 인정해야만 하는 두려움과 치유를 바라며 했을 많은 기도들, 그리고 찾아오는 허탈감이 그대로 전달되었다. 나는 그 사진 속 의사에게 다가가 조용히 어깨를 감싸주며 '너무 수고 많았다'고, '우리의 할 일은 여기까지였다'고 말해주고 싶었다.

인명은 재천이라고도 하고, 살 사람은 살고, 죽을 사람은 접시 물에 빠져 죽는다고도 한다. 그럴지도 모른다. 생사의 결정이 우연적 필연인지, 필연적 우연인지는 모르겠다. 아니 필연이든 우연이든 그것은 그리 중요하지도 않다. 그저 나는 오늘도 한 평범한 인간인 의사로서 내 환자의 치유를 위해 모든 지식과 술기를 동원하여 최선을 다할 뿐이다. 그리고 그 우연이나, 그 타이밍을 만날 수 있든 없든, 나를 찾는 환자들에게 그들의 건강한 삶에 조금이나마 보탬이 될 수 있음에 감사한다.

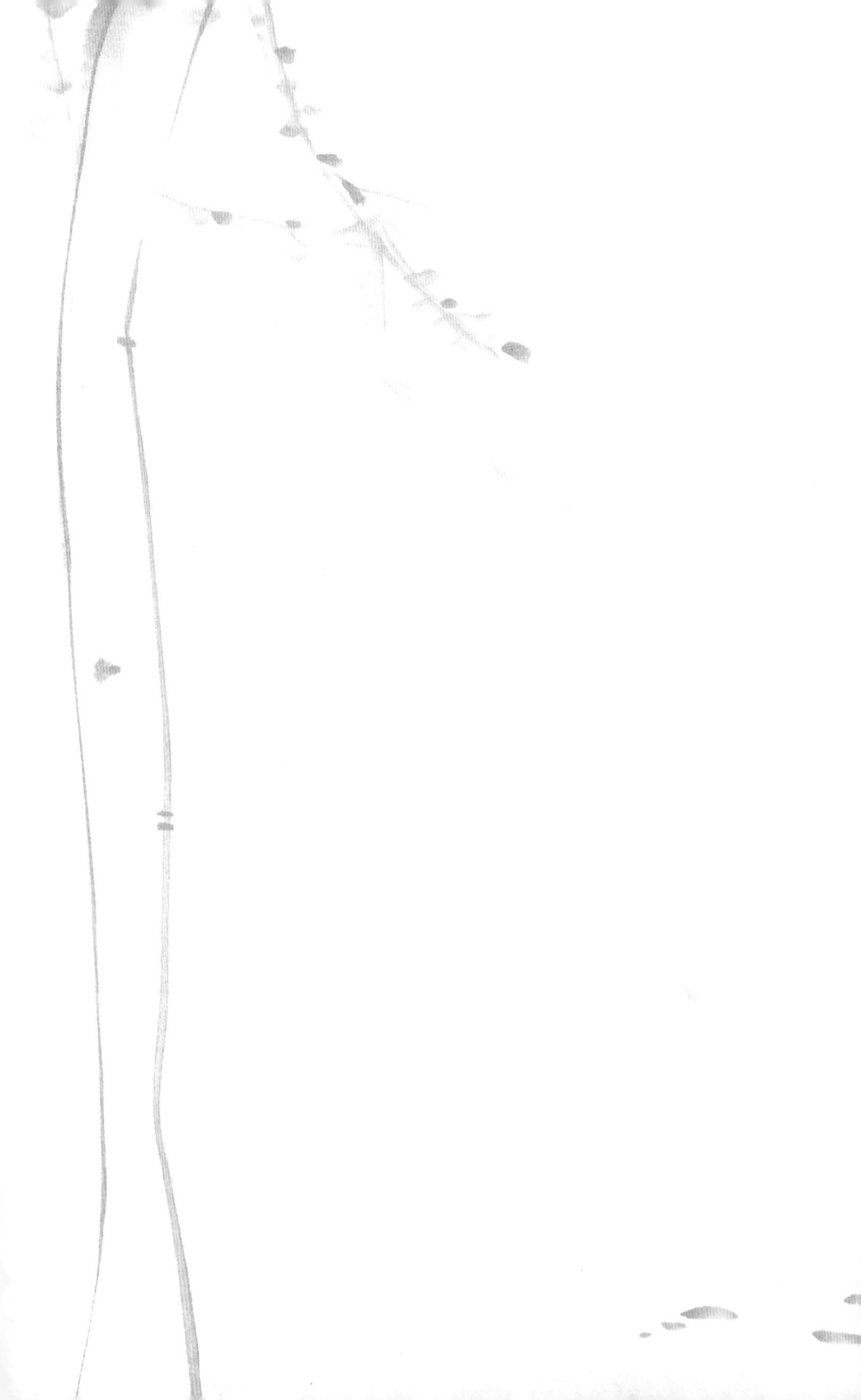

정준기

profile

충청남도 예산 출생
서울대학교 의과대학 핵의학교실 명예교수
서울대학교병원 함춘문학회 회장 역임
서울대학교병원 의학역사문화원 원장 역임

수필집 | 『젊은 히포크라테스를 위하여』, 『소중한 일상 속 한줄기 위안』
『참 좋은 인연』, 『의학의 창에서 바라본 세상』
『33년의 연가』, 『이 세상에 오직 하나』
이메일 | jkchung@snu.ac.kr

'새가 알을 깨고 나오기'와 줄탁동기

이제 전국의 의과대학 교정은 1년 반 이상 휴학을 끝내고 마침내 학교로 돌아온 학생들로 부산하다. 앞으로도 해결해야 하는 사안이 적지 않으나 의사 출신인 보건복지부 장관이 이끄는 각종 위원회에서 합리적인 방안을 도출할 것으로 기대한다. 필자는 윤 정권을 퇴진시킨 초유의 의정갈등 사태를 꿰뚫고 적절한 해결책을 제시할 지혜나 능력도 없다. 다만 새 학기를 맞이하여 대학 구성원들의 마음을 다시 잡는 이야기를 들려주려 한다.

우리가 학창 시절이던 1970년대에는 독일 작가 헤르만 헤세의 〈데미안: 에밀 싱클레어의 젊은 시절 이야기〉가 주인공이 참다운 성인으로 자라는 과정을 담은 성장소설로 유명했다.

1919년에 출간된 이 책은 놀랍게도 한 세기가 지난 지금도 청소년들이 즐겨 읽는 스테디셀러이다. 헤세는 사춘기를 지나면서 느끼는 성장통을 새가 알을 깨고 나올 때의 충격과 아픔으로 표현하였다. '새는 알에서 나오려고 힘겹게 애쓴다. 알은 일종의 세계다. 태어나려고 하는 자는 그 세계를 깨뜨려야 한다.'

또, 비슷한 현상을 표현한 한자성어로 줄탁동기(또는 줄탁동시)가 있다. 병아리가 알에서 나오기 위해서 새끼와 어미 닭이 안팎에서 같이 껍질을 쪼아 깨는 것을 뜻한다. '줄'은 병아리가 알 속에서 껍질을 깨기 위하여 쪼는 것을 가리킨다. '탁'은 알에서 나는 이 소리를 어미 닭이 듣고 밖에서 알 껍질을 쪼는 것을 나타낸다.

원래 '줄탁동기'는 불교의 깨우침과 관련이 있어, 중국 선종(禪宗)의 대표적인 화두(話頭)를 모은 〈벽암록〉에 수록되어 있단다. 어떻게 보면 병아리는 깨달음을 얻으려는 수행자이고, 어미 닭은 깨우침의 방법을 알려주는 스승이라고 할 수 있다. 병아리와 어미 닭이 동시에 알을 쪼기는 하지만, 어미는 처음에 작은 도움만 줄 뿐이고, 결국 병아리 자신이 알을 깨고 나온다. 이는 스승은 때를 맞추어 깨우침의 계기만 제시할 뿐이고, 나머지는 제자가 스스로 노력하여 이르러야 함을 의미한다.

어미 닭과 마찬가지로 데미안은 주인공 싱클레어가 곤경에 빠져 꼭 필요한 때에만 나타나 도와주고, 싱클레어는 자신의 힘으로 내면과 마주한다. 그는 십대 초에 가족이 살고 있는 '선(善)의 세계'와는 다른 세계에 대한 호기심으로 악을 경험하게 된다. 어두운 '악(惡)의 세계'에서 고통을 당하고 있던 주인공 싱클레어는 데미안을 통해서 자신의 내면을 성찰하여 선과 악이 통합된 그 만의 새로운 길을 걷는다.

이 소설에서와 같이 한 진술한 생명의 탄생에는 사랑과 끈기로 지도해 주는 존재가 필요하다. 어미 닭은 한 번에 15개 정도의 알을 품에 안고는 21일 동안을 꼼짝 않고 견디어 지내면서 부화시킨다. 모든 알에 골고루 열이 전해지도록 쉴 새 없이 다리로 계란을 굴려 위치를 바꾸고(이를 전란(轉卵)이라 함), 달걀을 살펴 껍질을 같이 쪼아 준다. 즉, 건강한 새끼를 얻기 위해 전력을 다하는 것이다.

의학 교육은 특히 어느 분야보다 사안 별로 개별적인 지식 전달과 실기 습득이 필요하다. 의술은 아직도 불명확한 것이 적지 않아 과학과는 다소 다른 art이고, 의학은 자연과학뿐만 아니라 인문과학, 예술 등을 포함한 전인학문이기 때문이다. 이런 도제 과정에서 데미안, 어미 닭, 큰스님 같은 지도자는 정신적 태도도 자연스럽게 교육하게 된다.

그러나 지금은 병아리 생육 과정이 대량화되어 기계적이고 산업적인 측면에서 이루어지고 있다. 어미 닭의 따뜻한 털 속이 아닌 온도와 습도를 맞춘 거대한 부화기에 수백 개 달걀을 넣고 21일을 배양하면 유정란에서 새끼 병아리가 태어난다. 모든 알에 열기를 고르게 전달하기 위해 전란기가 돌아가나, 물론 병아리에 맞추어 껍질을 쪼아 주는 어미 닭은 없다.

이것이 비 전문가에 의해 강요되었던 2,000명의 의대정원 증원이 비현실적이고 불가능한 이유이다. 환자 진료에 참여하는 현장실습교육이 강의실 교육 보다 훨씬 효과적이고 정신적인 교육도 가능하다. 문제는 기존의 학생 수에서도 교수가 부족하고 너무 바쁘다는 것이다. 병원에서 진료 시간을 연장하고, 대학에서 연구를 강조하고 있어 교육에는 점차 신경을 못 쓰고 있다. 최근에는 수련의 노동조합까지 생겨 법정 근무시간을 강조하고 있다. 이런 이유로 지금 학생 교육을 받는 의사는 부하기에서 대량으로 양산된 병아리같이 부실화될 것이 우려된다.

동서양을 불문하고, 옛사람들은 병아리가 알에서 태어나는 과정과 어미 닭의 노고에서도 교훈을 얻어 마음의 자세를 가다듬었다. 하물며, 고귀한 사람 생명을 다루는 의료인의 탄생을 위해서라면, 더욱더 스승과 제자가 사랑과 끈기로 노력하고 '줄탁동기'하며 가르치고 배워야 하지 않겠는가?

● 이 글의 일부는 필자의 저서인 〈이 세상에 오직 하나〉와 중복되어 있습니다.

진선미와 수필

나는 지난 15년 동안 주위에서 일어난 사건과 내 생각을 두서없이 글로 활자화해서 소위 '수필집'을 8권이나 출간하였다. 언뜻 작품란으로 보면 중견 문학가인 듯 하나, 아직도 수필에 대한 철학이나 이론적 배경이 없어 허무하기조차 하다. 특이하게도 우리나라에서는 한국예술인복지재단에 신청하면 간단한 심사 후에 '수필가 자격증'을 준다고 하지만 나는 염두에 두지 않고 있다. 이 제도는 군부독재시대에 문학계를 감시하고 조종하려는 불순한 의도였다는 내역도 싫지만, 내 스스로가 수필에 대한 자부심이 적어 수필가로 인정받기에는 염치가 없다는 생각에서다.

인터넷을 찾아보니 수필을 '자유로운 형식으로 개인의 삶과 생각을 문학적으로 담아낸 산문'으로 정의하고 있다. 문학의 한 갈래이지만 시나 소설처럼 정해진 형식에 얽매이지 않고 필자의 경험과 사유가 중심이 된다. 이 글은 쓰는 목적은 내 나름대로 역사의 흐름 속에서 수필의 위치와 방향을 찾아보려는데 있다.

이스라엘의 저명한 역사학자인 유발 하라리 교수에 따르면 지금으로부터 7만 년 전, 현 인류의 조상인 호모 사피엔스에게 인지 혁명이 나타났다. 유전자의 돌연변이와 주위 환경의 영향으로 다른 유인원이나 호모 종족과 비교해 뇌가 확연하게 커진 것이다. 이 대뇌에 점차 신경세포가 증식하고 서로 시냅스로 연결되면서 인식, 기억, 판단 같은 지적 능력이 커졌다. 직립보행을 하면서 집단으로 생활하던 호모 사피엔스는 필요에 의하여 말이 발달하게 되었고, 마침내 신석기(5천 년~1만 년 전)에는 글자를 만들고 책으로 정리 보관하면서 획기적으로 소통이 좋아져 현재와 같은 문명이 발달하게 되었다.

초기에는 인류가 파악하고, 경험하고 생각한 모든 것을 철학(philosophy)이라 하였다. 서양에서는 그리스의 플라톤, 아리스토텔레스가 주도하는 인물이었다. Philosophy는 고대 희랍어로 '사랑하다는 philo'와 '학문의 sopia'를 합친 단어이다. 동양에서 공자가 2,000년 전에 논어의 첫 구절을 "學而時習之

不亦說乎(학이시습지 불역열호), 배우고 때로 익히면 또한 기쁘지 아니한가!"로 시작하셨다. 여기서 한자 習자는 어린 새가 날기 위해서 연습하는 날갯짓을 묘사한 상형문자이다. 동서양 모두에서 배우는 것을 좋아하고 습관화된 태도를 바람직하게 여기는 방향으로 진화가 가속화된 것이다.

서양 철학계에서는 전통적으로 인간 지성의 대상을 [眞], 의지의 대상을 [善]으로 파악하고 이의 성취를 중요시하였다. 정(情: 감정)을 지능의 하나로 생각했다. 감정은 지적 판단인 면에서 질이 떨어지는 감각지능 정도로 평가하였다. 그러나 18세기가 되면서 임마누엘 칸트는 진과 선을 〈순수이성 비판〉과 〈실천이성 비판〉 두 권의 책으로 분석 비판하고, 그 이후 출간한 〈판단력 비판〉으로 감성의 역할을 재조명했다. 칸트에 의하면 [美]는 진과 선 못지않게 중요한 정신 작용의 하나로 진, 선과 더불어 삼위일체가 되어야 하고, 우리 인간은 진선미(眞善美) 이데아를 목표로 온전히 정진해야 한다고 결론지었다.

칸트 이후 250년이 지난 지금, 각종 예술로 표현되는 미적 활동은 아주 현란하다. 과학의 발달로 요즘 지구를 점령한 인류는 과거 어느 때보다도 각종 예술에 심취되어 미의 이데아가 가장 우세하다. 급격히 발달하고 있는 과학 산물, 기기 등에 대량의 다양한 시스템의 합류로 우리의 감성 활동이 지성과 이성을 멀찍이 앞서고 있다. 여기에 우리 생활 속에 파고든 상업주의의 막강한 여세는 이미 전 인류를 중독시킨 듯하다. 문학, 미술, 음악, 영화 등 기존의 방법은 물론이고, 과학의 발달에 따라 등장할 새로운 예술은 우리가 가름조차 하기 어렵다. 가히 '감성 혁명'이라고 말할 수 있다.

이런 예술의 독주로 3위일체에 변형이 오는 것은 결코 바람직하지 않다. 우리 선조들은 인지 혁명을 일으켜 지구의 주인공이 되었다. 최근에 와서 핵무기, 고성능 무기, 자연재해, 환경오염, 마약 등 우리 생존을 위협하는 상황은 우리 인간이 자초한 것이다. 그러나 장사꾼들과 결탁한 권력자들은 이를 감추고 축소하고 있다. 이제는 또다른 인지혁명이 필요하다. 정확하고 세밀한 인지와 사유를 기반으로 미래를 예측하고 공동으로 대처하여 해결하는 혁명적 사고의 전환이다. 위기 상황을 참된 진(眞)으로 깨닫고, 인류 모두가 선(善)한 의지를 갖고 행동으로 해결하는 것이다. 심미적 감성은 어느 정도가 진(眞)과 선에 의하여 그 좌표가 조절되어야 한다.

언어로 이루어진 문학은 진선미의 한계를 정한다. 각종 학문과 예술에서 우리가 인지하는 실제적이거나 또는 형이상학적 개념은 우선 말과 글로 표현되어 논리화되기 때문이다. 따라서 철학으로부터 잉태된 학문은 문학과 연관되지 않을 수 없고 그 사이에서 생기는 간극에서 자유로운 형식의 수필이 계속 큰 역할을 할 것이다. 예를 들면 우리가 매일 마주치는 주변의 사건, 사람, 상황에서 진선미를 가로지르는 미시적 생각을 단문으로 기록하는 것이다. 이는 반복적이고 독창성이 없는 지루한 신변잡기에 머물러 있는 기존 형태의 수필에 신선한 출발점과 방향을 제시할 수 있겠다.

여기까지의 이야기에서 나는 다음과 같은 명제를 도출하였다.
"나에게 수필 쓰기는 사소한 일상 속에서 眞善美의 지혜를 찾고자 하는 시도이다."

어떤 관점에서 보면 수필이 주는 재미와 문학적인 가치를 너무 무시한 것이라는 비판이 있겠다. 굳이 변명을 하자면 나에게는 문예적 능력이 떨어져 있기 때문이다. 또 에세이(essay)란 용어가 영어의 분석의 assay에서 유래되었다는 사실도 내 편을 들어준다.

아무렇든 수필은 각자의 삶과 생각을 자유롭게 표현하는 문학이 아닌가? 나는 오죽잖게 인류 문명의 발달을 수필의 입장으로 살펴본 이 글도 당당한 수필 한 편으로 인정받기를 희망한다.

김숙희

profile

서울 출생
고려의대, 동대학원 졸업(의학박사)
고려대학병원 산부인과 전공의 수료(산부인과 전문의)
의사평론가
에세이스트 신인상(수필가)
서울특별시의사회장(전)
서울중앙의료의원 부원장 산부인과 전문의(현)

저 서 | 『풍경이 있는 진료실 이야기』 외 다수
주 소 | 서울시 중구 소공로 70 POST TOWER 서울중앙의료의원
이메일 | charmdoctor@daum.net

프랑스 파리 자유여행

지난해 3월, 마일리지가 소멸된다는 통보를 받고 1년 후인 올 3월 파리행 왕복 비행기표를 예약했다. 12일간 파리에서 체류하는 일정이고 비교적 비수기라서 파리를 여유 있게 보리라 기대했다. 혼자 다니는 자유여행을 계획한 것은 2016년~2017년 영국에 있던 시기 이후 처음이다. 젊을 때도 다녔는데 지금 나이에 무서울 것이 뭐 있을까 싶었다.

하지만 내 계획을 들은 밴쿠버와 뉴욕에 사는 여고 동창 둘이 여행에 합류하게 되었다. 우리들은 유튜브와 AI를 통해 일정에 따른 파리 여행 계획을 세우고 숙소는 물론 방문할 갤러리, 뮤지엄 등을 예약했다. 우리 모두 파리 여행이 처음이었다.

예전에 남프랑스 여행 갈 때 파리 공항에서 니스행 비행기 환승하느라 머무른 적이 있었고, 영국에 유학 당시에는 프랑스

비자 서류가 번거로워 미뤄 두었던 곳이었다. 출발 전까지 진료도 바빴고, 여행 기간 동안 진행할 아파트 인테리어 공사까지 준비하느라 정신이 없었다. 친구들이 부탁한 햇반, 볶은 김치, 고추장, 구운 김, 깻잎장아찌를 트렁크에 가득 채우고, 비행기 안에서 읽을 프랑스 역사책, 소설까지 핸드폰에 다운로드해두고 인천을 떠났다.

파리 1일

우리가 예약한 숙소는 파리 1구역 센오노레가의 구찌 매장 뒤편에 있는 건물 1층 원룸으로, 칸막이가 있는 침대 3개와 작은 화장실과 옷장, 샤워실, 식탁 등 간단한 조리용 기구가 비치되어 있었다. 친구들도 내 도착 일정에 맞추어 숙소에서 만나기로 했다. 우리는 짐을 풀고 근처 타이 식당에서 저녁을 먹고 주변 마트에서 생수와 과일, 요쿠르트, 우유, 계란, 크로아상을 사서 냉장고를 채웠다. 아침은 숙소에서 해결하기로 하고 다음 날부터 파리 탐사 일정을 시작하기로 했다.

파리 2일

숙소가 파리 중심가라 센강, 개선문, 에펠탑, 샹젤리제 거리까지 걸었다. 모두 영상으로 보아서 익숙한 장소들이었다. 피자로 점심을 먹고 택시를 타고 숙소에 돌아왔다. 우리들은 나이도, 무릎 통증도 생각해야 해서 무리하지 않고 파리 관광을 해야 했다. 구글 지도와 AI의 도움이 매우 유용했다. 매달 20달러씩 내는 사용료가 아깝지 않았다. 언제부터인지 나는 도시보다 숲길 트레킹을 좋아하게 되었지만 파리는 한 번쯤은 걸어서 체험해야 하는 도시였다.

파리 3일

난 새벽 4시면 잠이 깼다. 친구들이 자는 사이에 조용조용 계란도 삶고, 과일도 준비하고, 근처 베이커리가 문을 열면 갓 구워낸 빵도 사 왔다. 오전 11시에 예약된 베르사유 궁전 입장 시간에 맞춰 콩코드 역에서 기차를 탔다. 비수기임에도 줄을 선 관람객이 많았다. 황금으로 도색된 궁전 입구와 거울의 방을 비롯하여 호화롭고 아름다운 방들, 잘 조성된 정원은 어마어마하게 넓었다. 다리가 뻐근할 정도로 다니고 5시에 나왔다. 기차로 오르세 역까지 와서 프렌치 식당에서 생선구이와 콩요리를 맛있게 먹었다. 숙소 주변은 전 세계의 온갖 명품 매장들이 줄지어 있었고, 쇼윈도 장식은 모두 작은 미술관처럼 보였다. 2만 보 이상을 걸은 고된 하루였다.

파리 4일

어김없이 4시에 눈이 떠졌고, 센 강변 오르세 갤러리를 예약한 날이었다. 5층에 모네와 르누아르, 2층에 고흐와 고갱의 작품이 전시되어 있었다. 5층에서는 멀리 몽마르트 언덕이 보였다.

갤러리 내 식당에서 샐러드와 파스타, 애플파이를 먹고 인파에 떠밀리면서 로댕의 조각 작품들과, 후기 인상파 그림들을 관람했다. 작품은 유튜브를 보는 것이 편안하겠지만 내가 이곳에 왔었다는 추억은 오래 남을 것이다.

파리 5일

꼭 가고 싶었던 몽셀미셀 가는 날이다. 새벽부터 준비해서 콩코드 역에서 지하철을 타고 몽파르나스 역까지 가서 예약했던 몽셀미셀 행 기차를 탔다. 기차 창문 너머로 끝없이 이어지는 농지가 펼쳐졌다. 3월이라 봄이 시작되고 있었다. 기차에서 내려 순환버스를 타고 몽생 미셸 수도원에 도착했다. 바닷가 바위산 위의 웅장하고 아름다운 수도원 건물에 압도되었다.

몽생 미셸 수도원은 708년도에 세워졌으며 순례지로써 베네딕트 수도사들이 정착하면서 마을이 형성되었다고 한다. 영국과의 100년 전쟁 시 중요 요새였지만 1789년 프랑스혁명 이후 수도사들은 쫓겨나고 감옥으로 사용되기도 했다는데 지금은 복원되었고 세계문화유산에 등재되었다고 한다.

건물의 해변 쪽 절벽에 난 길을 따라 올라가면 서쪽 테라스에서 노르망디가 보였다. 도착했을 때는 흐렸던 하늘이 내려오는 동안에 새파란 색으로 바뀌면서 사진으로만 보았던 모습이 드러났다. 숨 막히게 아름다운 광경을 카메라와 가슴속에 담았다. 버스와 기차, 지하철을 타고 파리 숙소에 도착하니 11시가

다 되었다. 점심과 저녁은 기차 안에서 해결한 힘든 하루 투어지만 풍성하고 즐거운 하루였다.

파리 6일

오랜만에 5시 넘어까지 잠을 잘 잤다. 숙소에서 걸어서 10분 정도 거리에 루브르박물관이 있다. AI가 알려준 팁대로 광장 피라미드 앞에 가득 찬 인파를 헤치고 드농관으로 먼저 가서 다빈치의 모나리자를 찾았다. 미로의 비너스까지 인파에 밀리면서 인증샷을 찍고 돌아서야만 했다. 지하에 있는 가게에서 내가 좋아하는 향기 좋은 비누 몇 개를 샀다. 근처 루브르 호텔 식당에서 오니언 스프, 시저샐러드, 스퀴드와 렌틸콩 요리를 점심 겸 저녁으로 배부르게 먹고 숙소로 왔다.

세탁기에 바지와 양말 등을 돌리고 우리는 밤 11시 넘어서까지 그동안 살아온 이야기를 했다. 70년대에 대학을 졸업하고 캐나다와 미국으로 이민 가서 정착하기까지 긴 이야기를 들으면서 내가 살아왔던 세월은 너무 쉬웠구나 생각했다. 열심히 살아온 친구들이 대견하고 기특했다.

파리 7일

숙소에서 15분 정도 걸어서 건축가 샤를 가르니에가 1861년부터 14년간 지었다는 오페라 가르니에를 찾았다. 오페라와 발레 공연으로 유명하고 뮤지컬 '오페라의 유령'의 배경이

된 곳이고 실제 건물 지하에 호수가 있다고 한다. 관람석 천정을 장식한 샤갈의 그림뿐 아니라 8톤의 샹들리에가 찬란했다. 여행 기간이 길면 오페라나 발레 공연을 관람하고 싶었다. 근처 라파에트 백화점 옥상에서 파리 시내를 내려다보고 백화점 식당에서 점심으로 샐러드를 먹고 귀가했다.

계속되는 걷기로 무릎이 불편한 친구는 쉬기로 하고, 건축을 전공한 친구와 나는 콩코드 센터와 현대미술관 건물까지 왕복 1시간 정도를 걸어서 다녀왔다. 저녁은 숙소에서 햇반과 볶은 김치, 샐러드, 고추장, 김 등 한정식 만찬이었다.

파리 8일

친구들은 아침 식사를 잘 하지 않지만 나는 집에서 먹는 것처럼 항상 아침을 푸짐하게 먹었다. 몽마르트를 가기로 한 날이다. 몽마르트 시크레케르 대성당까지 택시를 탔다. 11시 미사 중이라 성당 안에서 기도를 하고 내부를 둘러본 후에 예술가의 거리를 걸으며 거리 화가들의 작품을 감상했다. 몽마르트는 서민들의 삶이 녹여진 곳이고 예술가들이 자신의 재능을 발휘했던 곳일 것이다.

즉석으로 구어 주는 다양한 맛의 크레이프를 사 먹고, 몽마르트 박물관에 들어가 쉬면서 몽마르트의 역사와 사진 전시를 둘러보고, 막시밀리엄 루체와 수잔 발동의 작품들을 감상했다. 언덕길에 있는 '핑크 챙' 식당에서 닭 요리와 수프를 먹었다.

식품점으로 유명하다는 '라 그랑데 에피세리 파리스'에 들렸다. 한국인 관광객들이 많은 것 같다. 나는 버터를 잘 먹지 않지만 엄청 맛있다고 해서 선물용으로 몇 개 샀다. 저녁은 뉴욕에 사는 친구가 가져온 한국산 인스턴트 짜장면을 난생처음 파리에서 먹었다. 야채샐러드와 함께 먹는 짜장면이 맛있었다.

잠자리에 들려는데 약간 불편했던 목이 아프면서 기침을 시작했다. 친구들은 모두 코로나에 걸렸었다고 하는데 나는 유행기에도 걸리지 않아서 걱정이 되었다. 열은 없는데 기침이 계속되어 타이레놀을 복용하고 8시간 가까이 푹 잤다. 친구가 가져온 코비드 검사는 음성이라 안심이 되었지만 친구들이 감기에 걸릴까봐 조심스러웠다.

파리 9일

노트르담 성당은 숙소에서 걸어서 35분 정도인데 한쪽은 화재로 인해 공사가 계속되고 있었다. 유명한 파이프오르간도 보고, 빅토로 위고의 소설들과 뮤지컬 노트르담 드 파리도 떠 올려보면서 길가 카페에서 커피도 한잔 마셨다. 이젠 파리 지도가 한눈에 들어오고 길을 잃어버리지는 않을 것 같았다. 파리에 오면 들려야 한다는 '세인트 제임스' 매장에도 가서 블라우스와 면 티셔츠를 샀다. 점심은 근사한 프렌치 레스토랑에서 34유로나 하는 스테이크를 맛있게 먹었다.

숙소에서 좀 쉬다가 지하철을 타고 라데팡스 지역과 루이비통

재단 건물을 보러 갔다. 건축을 전공한 친구 덕분에 관광 목록에는 없었던 독특하고 멋진 건물들을 볼 수 있었다. 코코뱅 요리로 유명하다는 '르 코쿠' 식당에서 피자와 대구요리를 나누어 먹고 에펠탑 야경을 보기로 했다. 저녁 8시의 에펠탑은 다양한 조명으로 빛나고 있었다.

파리 10일

한국 여행자들이 추천하는 몽쥬약국에 가서 화장품을 싸게 사고, 12시에 예약된 오랑주리 갤러리에 갔다. 모네의 정원이 사방 벽에 설치되어 있다. 피카소와 모딜리아니, 헨리 마티스의 그림들, 이름은 들어본 것 같은 안드레 드레인, 유트릴로, 마리 로렌신의 작품들을 둘러보았다. 파리 여행이 끝나고 내일은 공항으로 가야 했다.

파리 11일

뉴욕에 사는 친구의 비행기 출발시간이 제일 빨라서 아침 7시에 공항행 택시 타는 것을 배웅하고, 파리의 마지막 날을 정리했다. 숙소 정리가 끝나고 공항 가는 택시를 탔다. 밴쿠버로 가는 친구를 공항 2터미널에 내려주고 나는 1터미널에서 내렸다. 10년 전 남 프랑스를 여행할 때는 자동차를 렌트해서 다니느라 항상 길 찾기와 주차가 문제였다. 파리에서는 대중교통을 이용하고 걸어 다니느라 힘은 들었지만 나름대로 편한 것도 많았다.

탑승 시간까지 여유가 있어서 올 때 파리행 비행기 안에서 읽었던 프랑스 역사책을 마저 읽었다. 프랑스 역사를 읽고 파리를 돌아보면서 프랑스가 참 대단한 나라라는 것을 새삼 느꼈다. 파리에 다시 올 수 있을지 모르지만 파리는 한번은 다녀가야 할 문화와 예술의 명품 도시였다. 남프랑스 여행 때도 느꼈지만 파리를 둘러보면서 수많은 화가들, 작가들, 예술가들, 여행객들이 왜 프랑스를 좋아하는지 알 것 같았다.

휴가가 끝났다. 다시 일상으로...

간절함에도 나이가 있다

지난날들을 생각해 볼 때 내가 정말 간절하게 바랐던 일들은 거의 실현되었다. 내가 원했지만 이루지 못한 것들은 결국 쉽게 포기할 수 있는 것들이었다. 실패했는데도 미련이 남지 않았다는 것은 노력도 뜨거움도 모자랐다는 것이다. 전심전력을 다한다는 것은 정신적, 신체적으로 엄청난 준비와 행동, 에너지를 소모해야 한다. 동시에 원하고자 하는 뜻을 하늘도 도울 것이라는 믿음이다.

젊고 건강할 때는 도전해 본다는 패기만으로 허접한 욕망에 붙들려 있기도 했다. 나이가 들수록 간절함이 사라지고 붙들고 싶은 욕망도 사라졌다. 언제부터인지 기력의 70프로만 발휘하고 가늘고 길게 살아보자는 생각이 들었다. 간절함에도 나이가 있구나 싶었다. 그런데 갑자기 욕심이 생겼다.

3년 전부터 트레킹에 홀려버렸다. 나이가 들었어도 할 수 있다는 욕망이 생겼다. 골프를 치면서 걷거나, 의사단체의 짧은 걷기행사 정도가 내 운동의 전부였다. 그런데 트레킹 전문 여행사를 따라간 것이 계기가 되어 완전히 걷는 것에 매료되었다. 코로나19 팬데믹이 끝난 지난 3년 동안 거의 트레킹이 포함된 여행을 다녔다.

제주도의 트레킹 코스는 물론 알프스 남단 돌로미티, 일본의 다양한 트레킹 코스들, 미국 그랜드캐니언을 비롯한 국립공원들, 몽골의 테를지국립공원과 체체궁산까지 7시간 이상 걷는 코스도 힘은 들었지만 그런대로 완주를 했다. 물론 난이도가 높은 산악 등반이나 숙박시설이 열악한 곳은 도저히 가지 못했다.

젊을 때부터 등반을 한 사람들은 수월하겠지만 70세가 다 되어 늦게 시작한 내게는 낮은 산이라도 정상에 올라가는 가파른 길은 쉽지 않았다. 근육을 단련시키려고 전철로 출퇴근을 하면서 계단은 걸어 올라갔고, 한 정거장 미리 내려서 걷기도 했다. 집이 과천이라 시간이 나는 대로 집 주변이라도 걸었다.

처음에는 계단 올라가는 것도 숨이 차서 쉬어야 했는데, 차츰 뛰어 올라가도 될 정도로 호흡도 쉬워지고 다리 근육도 탄탄해졌다. 친구들은 나이 들면서 무릎이 아프다고 하는데 다행히 나는 무릎은 아프지 않았다. 10년 전에 사고로 다리 골절이 되어 3개월 걷지 못했기 때문에 항상 조심했지만 운동을 하다

보니 걷기에 자신도 생겼다. 좀 더 어려운 코스도 도전해 보고 싶은 욕심이 생겼다. 그러나 이런 생각은 나이를 생각지 못한 나의 착각이었다.

지난 10월 추석 연휴를 끼고 8일 코스의 일본 알프스 트레킹 그룹 여행에 합류하게 되었다. 일본 알프스산은 등반 사고도 많이 나고 험하다고 들었지만, 이번 일정은 난이도가 낮은 코스라고 했다. 나고야 공항에서 중앙알프스의 센조지키, 남알프스의 누가사산, 우츠시가하라, 북알프스의 핫포이케 등 일본 나가노현의 유명한 산들을 7일간 트레킹하는 일정이었다.

중앙알프스 센조지키 트레킹은 버스와 로프웨이를 타고 해발 2,560미터까지 올라간 후에 왕복 4킬로를 1시간 30분 정도 올라가는 산행이었다. 비탈진 산길이 완전 험한 돌길이고 비바람이 엄청 심해지면서 우의로 중무장을 했는데도 완전히 젖어 버렸다. 올라갈수록 숨이 가쁘고 어지럼증까지 왔다. 올여름이 너무 더워서 운동을 많이 못해서인지 산장까지 올라가는 데도 정말 힘들었다. 안개가 너무 심하고 비바람 때문에 곱게 물든 단풍 구경은커녕 사진도 찍을 수가 없었다. 산장에서 정상까지는 일행의 절반만 올라갔다가 내려왔다. 평소 같으면 절대 포기하지 않고 따라갔을 것이다. 혹시라도 넘어져서 민폐를 끼칠까 봐 산장에서 기다리기로 했다. 산장에서 내려오는 길도 쉽지 않았다. 다리는 후들거리고 비바람은 더욱 거세졌다.

온천호텔에서 젖은 옷들과 등산화를 말리면서 남은 일정을 제대로 따라갈 수 있을지 걱정이 되었다. 다음날 아침에 일어나니 근육통이 너무 심해서 아이고 소리가 절로 나왔다. 일단 통증이 있는 부위마다 파스로 도배를 했다. 얼굴만 빼고 전신이 쑤셨다.

다음날 일정인 남알프스 뉴가사산은 곤돌라를 타고 올라가서 해발 1,955미터 까지 걸어 올라가는 비교적 가벼운 트레킹 코스였다. 날씨도 좋고 선선해서 정상까지 어렵지 않게 올라갈 수 있었다. 이후 일정인 나가노현의 중앙부인 우츠시가하라 고원, 하쿠바, 핫포이케 산은 쉽지는 않았지만 그런대로 완주할 수 있었다. 가미코지는 9.5킬로 정도의 트레킹이지만 강변과 습지를 끼고 걷는 완만한 숲길이라 아주 쾌적하고 수월했다. 점심을 먹고 자유 시간에 일행 중 몇 명과 왕복 2시간 정도 걸어서 아름답다고 소문난 가미코지(상고지) 연못을 보고 왔다. 다리가 무거웠지만 숲속 연못에 비친 산과 나무들이 또 오고 싶을 만큼 절경이었다. 이번에 함께한 사람들은 완전 선수들인 듯 일정을 끝내고도 숙소 주변의 호수나 숲길을 또 걷고는 했다. 산속 온천의 하늘에는 보름달이 웃고 있었고, 별들도 빛나고 있었다.

일정 중에 가장 힘들다는 노라쿠라다케 트레킹은 6킬로 정도를 4시간 정도 걷는 일정이었다. 최고 고도인 3,025미터(겐가미네)까지 올라가는 코스였다. 대한민국에서 가장 높은 산이 한라산인데 해발 1,947미터이고, 10여 년 전에 자동차를 타고 거의 천지 바로 아래까지 올라갔던 백두산은 해발 2,744미터로 한반도 최고 높은 산이라고 했다. 이번에 내 생애 가장 높은 산에 올라가려는 것이었다.

완전 돌길이고 고바위도 심해서 숨이 차서 걸을 수가 없었다. 바위산의 정상을 올려다보면서 몇 번을 포기할까 망설였다. 올라온 길을 내려다보니 까마득하기만 했다. 일행 중 여성 한분이 중간에 포기할 때 나도 마음이 흔들렸다. 바람이 너무 심해서 날아갈 것만 같은데 모두들 묵묵히 올라가고 있었다.

지난해 후지산 둘레길 트레킹 팀에 80세 여자 어르신이 계셨는데 너무 잘 걸으셨다. 그분은 40대 나이에 대한민국 모든 산을 정복했다고 하고 네팔, 히말라야도 가셨다고 했다. 체력은 젊을 때부터 쌓아야만 했다. 스틱도 망가졌고 거의 손으로 바위를 짚으며 네발로 기듯이 숨넘어갈 정도로 헐떡거리면서 정상에 겨우 오를 수 있었다. 일행 중 꼴찌였다. 내려오는 것도 쉽지 않았다. 날씨는 맑았지만 몸이 흔들릴 정도로 바람은 거세고 근육통은 심했다.

도대체 나는 왜 그렇게 기를 쓰고 올라갔던 것일까. 물론 정상에 올라가서 3,025미터 고지 팻말을 손에 들고 사진을 찍을 때의 성취감은 잠깐 나를 흥분시켰다. 기를 쓴 대가를 받았다고 생각했다. 그러나 사진 속의 나는 웃고 있지 않았고 아주 심각한 표정이었다.

간절함을 성취하려는 것, 욕망을 실현 시키고 싶은 모든 노력에는 후유증이 따라오는 나이가 되었다. 휴가가 끝나고 거의 3주 이상은 안 아프던 무릎 통증, 허리 통증, 10년 전 골절되었던 부분까지 온몸이 아팠다. 앞으로는 절대로 성취욕이나 간절함 따위는 갖지 않으려고 결심했다. 그런데 문제는 가물가물한 기억력이다. 내년쯤 되면 아마 이 통증의 기억을 잊어버릴지도 모른다. 다음에 다시 욕심이 생길 때 이 글을 읽어야 할 것 같다. 네 나이를 알라.

박문일

profile

서울 출생
한양의대, 동대학원 졸업(의학박사)
한양대학교병원 산부인과 전문의 수료(산부인과 전문의)
한양대학교 의과대학 학장, 의학전문대학원 원장 역임
한양대학교 의생명과학연구원장 역임
한국모자보건학회 회장, 이사장 역임
동탄제일병원장(현)

저 서 | 『베이비플랜』, 『해피버스플랜』, 『감성뇌태교동화』 외 다수
주 소 | 경기도 화성시 석우동 42-1 동탄제일병원 자궁경부무력증센터
까 페 | cafe.naver.com/babyplan119

'무위(無爲)'에 대하여

우리는 생명의 존엄성을 지키는 숭고한 사명을 지닌 채 매일 생명의 최전선에서 고뇌하며 결단을 내린다. 환자의 고통을 덜고 건강을 회복시키는 과정에서 우리는 수많은 윤리적 딜레마와 맞닥뜨리게 된다. 고대 철학자 노자(老子)의 '무위(無爲)'가 들려주는 오래된 지혜 속에서, 오늘의 의료가 나아갈 길을 조용히 더듬어 보고자 한다. 노자의 사상은 단순한 고전의 울림을 넘어, 오늘의 의료 현실 속에서도 놀라울 만큼 깊은 통찰을 던진다. 때로는 임상의 가장 어려운 순간에서조차, 그의 사상은 의사의 길을 비추는 등불이 되어 준다.

노자의 '무위(無爲)' — 억지로 하지 않음의 지혜
노자의 도가(道家) 철학에서 '무위'는 '억지로 하지 않음',

'자연의 순리에 따름'을 뜻한다. 이는 게으름이나 방임이 아니라, 애쓰지 않아도 저절로 이루어지는 자연스러움의 경지를 말한다. 노자는 '無爲而無不爲(무위이무불위: 아무것도 하지 않는 듯하지만 이루지 못하는 것이 없다)라고 하며, 과도한 인위가 오히려 혼란을 낳는다고 경계했다. 물이 저항하지 않고 흘러가며 마침내 바다에 이르듯, 자연의 이치를 따를 때 모든 것이 순조로워진다는 것이다. '무위'는 멈춤의 철학이 아니라, 자연의 이치와 조화를 이루는 행동의 철학이었다.

의료현장에서의 '무위' — 아무것도 하지 않음의 위험

그렇다면 이 '무위'는 생사의 경계선에 선 의료 현장에서 어떻게 이해되어야 할까? 예를 들어, 조산의 위기 앞에서 '자연의 순리'라며 아무 개입 없이 지켜보는 것이 진정한 무위일까? 그렇지 않다. 의료현장에서 '아무것도 하지 않으면 아무 일도 생기지 않는다'는 명제는, 오히려 최악의 사태가 아무 제지 없이 진행된다는 냉혹한 경고가 된다. 의사 자신에게는 아무 일도 생기지 않겠지만, 환자에게는 돌이킬 수 없는 일이 생긴다. 그 침묵은 곧 회피일 수도 있다. 태아가 만삭까지 건강히 자라는 것은 자연의 순리이며, 가장 본연의 상태이다. 그러나 생명의 순리를 거스르는 병리적 변화, 그중에서도 조산의 주된 원인인 자궁경부무력증이 찾아올 때, '무위'의 참뜻은 결코 방관이 아니다. 병든 자궁경부가 스스로 회복되길 바라며 기다리는 것은 철학이 아니라 방임이다. 이 경우 아무것도 하지 않는다면 생명의 흐름은 끊어지고, 태아는 생존의 위기에 처하게 된다. '아무것도 하지 않음'으로써 오히려 자연의 섭리 -건강한 탄생-이 파괴되는 것이다.

적극적 무위 — 생명의 순리를 회복시키는 개입

우리가 추구해야 할 '무위'는 단순한 불개입이 아니다. 오히려 병리로 인해 왜곡된 생명의 흐름을 본래의 자연스러운 상태로 되돌리기 위한 능동적 개입이 참된 무위이다. 병리적 상태는 이미 자연이 깨진 상태이므로, 이를 복원하려는 의료적 행위는 겉으로는 인위적이라 해도 본질적으로는 자연의 질서를 돕는 일이다. 그것이 다시 말해서 '무위이무불위(無爲而無不爲: 아무것도 하지 않는 듯하지만 이루지 못함이 없는 경지)'의 현대적 구현이라 할 수 있다. 자궁경부무력증은 단지 한 가지 예일 뿐이다. 생사의 경계에서 환자의 운명을 결정해야 하는 모든 임상의학과, 특히 위험이 늘 도사리는 필수의료 분야에서도 본질은 다르지 않다. 진정한 '무위'란 방관이 아니라, 생명의 흐름을 회복시키려는 의사의 지혜와 용기라는 점에서 모든 의료 현장에 동일하게 적용된다.

가장 큰 '해(害)'를 막는 용기

의사의 개입은 단순히 위험을 피하는 행위가 아니다. 오히려

다가올 파국을 막기 위한 용기 있는 결단이다. 이 개입은 생명의 자연스러운 흐름을 다시 이어주는 일이며, 무모한 도전이 아니라 축적된 지식, 숙련된 기술, 그리고 환자에 대한 깊은 공감에서 비롯된 의사의 사명이다. 진정한 무위란, 무책임한 비개입이 아니라 생명의 순리를 복원하려는 지혜로운 개입이다. 의사가 해야 할 일은 위험을 피하는 것이 아니라, 지식과 경험을 바탕으로 위험을 감당하며 생명을 지켜내는 것이다.

젊은 의사들에게 — 배우고, 연구하고, 그리고 개입하라

오늘의 젊은 의사들은 이전 세대보다 훨씬 복잡한 의료 환경 속에서 살아가고 있다. 불확실한 예후, 소송의 위협, 제도적 압박 속에서 '하지 않는 것이 안전하다'는 유혹이 늘 따라온다. 그러나 진정한 안전은 회피가 아니라 실력에서 비롯된다. 더 깊이 공부하고, 더 넓게 연구하며, 더 많은 경험을 쌓아야 한다. 그것이 바로 '무위'를 올바르게 실천할 수 있는 힘이다. 탄탄한 지식과 숙련된 기술이 뒷받침될 때, 의사는 비로소 두려움 없이 개입할 수 있는 용기를 갖게 된다. 그 용기야말로 생명을 구하는 마지막 울타리이며, 진정한 의미의 무위이다.

결어(結語) — 무위의 지혜, 실천의 용기

의료인은 단순히 질병을 관찰하는 자가 아니다. 우리는 왜곡된 생명의 흐름을 바로잡고, 불가피한 '해(害)'로부터 환자를 보호하기 위해 존재한다. 이러한 이해를 바탕으로 할 때, 노자의 '무위'는 결코 무력한 방관이 아니다. 그것은 생명의 질서를 회복시키는 깊은 지혜이자, 실천적 윤리의 또 다른 이름이다. 때로는 길이 험하고 결과가 불확실할지라도, 생명을 지키고자 하는 우리의 학문적 탐구와 윤리적 통찰이 결국 우리를 이끌 것이다. '무위'의 고요한 지혜와, 생명을 향한 용기 있는 실천이 언제나 우리 곁에 머물기를 바란다. 그것이 우리가 의사(醫師)로 존재하는 이유이며, 생명을 잇는 일이다.

- 이 글의 부제(副題)는 '생명을 살리는 적극적 무위의 길'이다. 생각의 흐름을 따라가기 위하여 소제목을 덧붙였다.

기억은 다시 길이 된다

　　　　　지난 7월, 아내와 함께 미국 샌디에이고를 다녀왔다. 딸과 사위가 UCSD 병원에서 방문교수로 연수 중이라, 그곳을 거점으로 2주간의 여행을 함께했다. 샌디에이고에서 출발해 유타 솔트레이크시티, 옐로스톤, 그랜드티톤 국립공원을 거쳐 다시 돌아오는 여정 그 모든 순간이 마치 꿈결 같았다. 긴 비행 끝에 도착한 낯선 공기 속에서도 마음은 이상하게 익숙했다. 그 이유는 아마도 이번 여행이 35년 전 우리 부부가 함께 걸었던 길을 다시 밟는 여정이었기 때문일 것이다.

　　1988년, 나는 미국 유타 솔트레이크시티의 University of Utah 의과대학 산부인과에서 교환교수로 근무했다. 그 시절 아내와 여덟 살 딸, 다섯 살 아들과 함께 살았던 곳이 솔트레이크시티의 유타의대 학생아파트였다. 짧았지만 평화롭고 빛나는 시간이었고, 그때의 기억은 가족 모두에게 오래도록 남았다. 그로부터 35년이 흘렀다. 이제 딸은 내과교수, 사위는 정형외과교수가 되었고, 그 딸과 사위가 이번에는 UCSD 방문교수로 미국에 와서 부모를 초대한 것이다. 아내와 나는 설렘 반, 그리움 반으로 그 길을 다시 밟았다. 이제는 초등학교 6학년이 된 쌍둥이 손주 둘이 그 곁을 뛰놀고 있었다.

솔트레이크시티, 예전에 살던 동네에 도착했을 때, 마음이 묘하게 떨렸다. 그곳은 우리 가족이 젊음과 희망으로 살았던 장소이자, 아이들의 웃음소리가 가장 크게 울리던 곳이었다.
"여기서 엄마가 삼촌하고 같이 뛰어 놀았었어."
딸이 손주들에게 그렇게 말하며 웃었다. 그 순간, 시간의 층이 겹겹이 쌓이는 듯했다. 눈앞에는 이제 두 아이의 엄마가 된 딸이 서 있었고, 그 뒤에는 35년 전의 어린 딸이 겹쳐 보였다. 옛 학생아파트 앞에서 딸이 아이들과 함께 그때의 사진과 같은 포즈로 서서 사진을 찍었다. 그 모습을 바라보는 내 눈이 잠시 흐려졌다. 그리고 느꼈다. 시간은 직선이 아니라 원을 그리며 돌아온다는 것을. 세월은 흘렀지만, 사랑은 다시 그 자리에 머물러 있었다.

이번 여행의 일등공신은 단연 딸과 사위였다. 연수 중에도 여행 계획을 완벽하게 세워, 비행기와 숙소, 렌터카, 옐로스톤, 그랜드티톤 왕복 여정의 동선까지 치밀하게 준비해 주었다. 아내와 나는 그저 그 길을 따라다니며, 자식이 부모에게 건네는 사랑의 섬세함을 온몸으로 느꼈다.

옐로스톤의 고요한 새벽, 그랜드티톤의 청명한 공기 속에서 딸은 예전에 우리가 자신과 남동생이 함께 사진을 찍었던, 바로 그 장소들을 하나하나 찾아냈다. 놀랍게도, 그 사진 속 자리와 방향까지 완벽히 재현된 곳들이었다. 사전에 모든 장소를 조사하고 이동 동선을 세밀히 계획해, 옛 사진과 똑같은 각도와 배경에서 이번에는 사위와 두 손주가 함께 서서 그때의 포즈를 그대로 재현했다. 옛 사진 위에 새로운 세대의 미소가 덧입혀지며, 한 장의 사진은 과거와 현재를 잇는 다리가 되었다. 그 장면을 지켜보던 나는 말없이 웃었지만, 가슴속에서는 오래된 기억이 조용히 깨어나고 있었다. 그때의 아이가 이제는 부모가 되어, 자신의 아이들과 함께 같은 자리에 서 있는 것. 그것은 시간의 마법이자, 가족이 이어가는 아름다운 순환이었다.

여행을 마치고 보내온 딸의 편지에는 이런 구절이 있었다.
「아이들에게 무엇이 가장 행복했냐고 물으면, 부모가 자신에게 잘해준 일을 말할 줄 알았는데, 사실은 '부모가 행복해하던 모습'을 보는 게 가장 행복했다고 하더라구요.」

그 문장을 읽는 순간, 눈시울이 붉어졌다.

그렇다. 부모의 행복이야말로 자식의 가장 깊은 기억이 된다. 그리고 그 기억이 자식을 성장시키며, 다시 부모를 위로한다. 이번 여행이 그 사실을 다시 일깨워 주었다. 젊은 날의 우리가 행복하게 웃었던 그 기억이 지금의 딸을 지탱해왔던 것처럼, 이번 여행의 웃음이 또다시 손주들의 마음속에 남을 것이다.

이번 여정은 단지 추억을 되살리는 여행이 아니었다. 시간의 강을 건너 세 세대가 마음을 이어가는 길이었다. 그 길 위에는 젊은 시절의 우리 부부가 있었고, 그 길 위로 딸과 사위가 이어 걸었으며, 이제는 두 손주가 그 뒤를 따라 걸어왔다. 가족의 발자국이 겹쳐지며, 그 길은 다시 기억의 길, 사랑의 길이 되어 우리를 하나로 묶어주었다. 그 길을 따라 걷는 동안, 우리 부부는 우리의 과거를 만났고, 딸은 자신의 어린 시절을 품었으며, 손주들은 그 따뜻한 시간을 새로이 기억 속에 새겼다.

돌아오는 길, 샌디에이고의 밤바다에서 열린 Rady Shell 콘서트의 마지막 곡이 울려 퍼질 때, 나는 조용히 아내의 손을 잡았다. '이제는 충분히 행복하다'는 눈빛이 오갔다. 삶의 속도가 점점 느려지는 나이지만, 이 여행으로 다시금 마음의 시계가 고요히 돌아가기 시작했다. 행복은 먼 곳에서 오는 것이 아니라, 세대와 세대를 이어주는 그 따뜻한 발걸음 속에 있다는 것을 배웠다. 이제 내게 남은 일은 그들의 앞날을 묵묵히 응원하며 이 아름다운 시간을 오래도록 품는 일이다. 우리 부부의 발자국, 딸과 사위의 발자국, 그리고 두 손주의 작은 발자국이 하나의 긴 선으로 이어져 있었다. 그 길 위에서 우리는 서로의 시간을 건너 다시 한 가족이 되었다.

시간은 흘러도, 사랑은 흘러가지 않는다. 그날의 햇살과 웃음은 여전히 내 마음속에서 살아 있다. 딸과 함께 다시 걸었던 그 길 위에서, 우리 부부는 35년 전의 우리를 다시 만났다. 그리고 깨달았다. 기억은, 이렇게 다시 길이 된다.

딸과 함께 다시 걸었던 그 길 위에서,
우리 부부는 35년 전의 우리를 다시 만났다.
그리고 깨달았다.
기억은, 이렇게 다시 길이 된다.

박종훈

profile

(전)고려대학교 병원장
(전)한국원자력의학원장
고려대학교 의과대학 정형외과 교수(근골격계 종양 전공)

저 서 | 『당신 잘못이 아닙니다』
번역서 | 『알기쉬운 정형외과학』
주 소 | 서울시 성북구 고려대로 73 고려대학교병원 정형외과
이메일 | pjh1964@hanmail.net

60세 의사

　　　　21살의 청년이 어깨 통증으로 개인 병원에 갔다가 암이 의심된다는 소견을 듣고 내게 왔다. 일부러 찾아왔다고 해야 하나, 명의라서 찾아온 것이 아니고 이 환자는 여호와의 증인이라 무수혈 수술을 해 줄 의사를 찾아온 것이다. 그리고 나는 우리나라에서 드물게 무수혈로 수술해 주는 정형외과 종양 전공자다.

　　이것저것 검사를 해 보니 골육종이다. 20대의 골육종이라. 만만치 않을 게 예상된다. 통상적인 방식대로 종양내과에 의뢰해서 수술 전 항암치료를 시작했다. 딱 한차례 항암제가 투여되고 며칠 후 방문해 보니 종양이 어마어마하게 부풀어 있다. 드물게 항암치료 시작하면 종양이 이런 식으로 거칠게 저항하는 일이 있기는 한데, 십수 년 만에 이런 경우는 또 처음이다. 응급에 준하는 위기 상황이다. 추가 항암치료를 바로 중단하고 수술 준비를 했다. 어깨에 해당하는 팔뼈를 상당 부분 제거해야 하는 수술, 종양 주변은 신경과 혈관이 주렁주렁, 게다가 어마어마하게 커진 종양. 수술 자체가 쉽지 않을 조짐이다.

무수혈로 수술을 하려면 반드시 수술 전 혈액 검사 수치가 정상이 돼야만 하기에, 2주 정도의 시간 동안 온갖 약제를 투여하고 혈색소 수치가 정상화되기를 기다리는데 편히 잠을 잘 수가 없었다. 자주 하는 수술은 아니지만 그렇다고 전혀 안 해본 수술도 아닌데 이상하게 마음이 불안하다. 어려울 것이 뻔한 수술이 이제는 부담된다. 부담스럽지 않은 수술이 얼마나 있겠는가마는 부담의 정도가 예전과 다르다.

그러고 보니 언제부터인지 모르겠는데 큰 수술을 앞두고는 불안하다. 종종 잠을 설치기도 하고, 맛있는 음식을 먹다가도 수술 생각이 나곤 한다. 샤워하다가도 생각이 나고, 한번은 꿈에서 허벅지 부위 암 수술하는데 갑자기 환자가 벌떡 일어나서는 내 칼을 뺏어서 자기 복부를 마구 찌르는 것이다. 꿈이지만 어찌나 놀랬는지, 다음날 수술할 때 환자 마취가 잘 됐는지를 확인하는 어처구니없는 일도 있었다. 하도 꿈이 리얼해서 말이다. 그렇다고 최근에 의료사고가 있던 것도 아니고, 왜 그럴까?

6년 전이다. 정년퇴직하신 선배 교수님과 식사할 기회가 있었는데, 수술은 안 하시나요?라고 물으니, 퇴직하고 처음에는 다른 병원에서 수술 좀 했는데, 이상하게 자신이 없고, 예상대로 잘 안되더란다. 그래서 수술은 접었다고 한다. 현직에 계실 적에 꽤 유명한 척추수술 전문가였는데 그렇단다. 그때는 그냥 그런가 보다 하고 들었는데, 생각해 보니 내 상태가 그런 것 같다.

환갑이라. 아직도 체력적으로는 청춘 같은데, 심적으로는 많이 나약해진 것 같다. 환자 진료가 어렵다. 막상 진료실이나 수술실에서는 예전과 별반 다를 바 없는데 그렇다. 그래서 나름의 방식이 생겼는데 징크스라는 것이다.

오래전 일이다. 대입 학력고사를 본 날이니까, 1982년 겨울이다. 지금은 모르겠는데 그때는 오후까지 시험을 치렀다. 중간 점심시간에 도시락을 열어보니 김밥이 있는데 모양이 이상하다. 김밥이 다 그렇듯 예쁘고 가지런하게 칼질해서 썰어진 김밥이 아니라 마치 뜯어서 잘라놓은 것처럼 거칠다. 시험을 치고 집에 돌아와서 어머니께 김밥의 모양이 이상하다고 했더니 칼로 썰지 않고 손으로 김밥을 잘랐다는 것이다. 아니 왜 그랬냐니까 중요한 날에 칼질하는 게 아니라고 하신다. 할머니에게서 전수받은 방식이란다. 전날 옥상에 올라가서 물 떠놓고 빌기도 하고, 내 외투 안쪽에 배냇저고리를 기워 넣었다고 한다.

언제인가 어머니가 남긴 유품을 정리하다가 나의 배냇저고리를 발견하고 소중히 간직하고 있었는데 환자 진료로 심적인 부담이 커지던 어느 날 문득 학력고사 때의 생각이 나서 큰 수술하는 날은 면도하지 않기 시작했다. 불경스럽다고 할까? 그렇게 깨끗하게 목욕은 해도 면도는 하지 않는 것이 나의 징크스가 됐다.

앞서 언급한 골육종 환자 수술 날, 그날도 면도하지 않고 샤워만 하고 출근했다. 기독교인은 아니지만, 마음속으로 기도하고 수술실에 들어간다. 수술은 다행히 무수혈로 잘 됐다.

정년이 많이 남지 않았다. 선배들 말로는 정년까지의 기간이 두 자리 숫자가 아닌 한 단위 숫자로 남으면 시간은 쏜살같이 간단다. 이제 환갑이 지났으니 5년이 채 안 남았다. 말년 병장이 그렇듯 떨어지는 낙엽도 피해 갈 판인데 나를 찾는 중환자는 갈수록 늘어난다. 이제 내 인생에서 내가 할 수 있는 일을 어느 정도는 정리해야 하는 시기인가 보다. 누구나 이런 과정을 겪겠지만 막상 내가 환갑이 되고 보니 자연의 섭리는 역시 피해 가기 어려운가 보다. 누구나 그랬듯이 말이다.

지금까지 내가 치료했던 환자를 돌아보게 된다. 나는 좋은 의사였던가 하는 생각도 해 본다. 어쨌거나 마지막까지 잘

마무리했으면 하는 바람이 있다. 절대 무리하지 말자고 다짐을 한다. 그리고 여전히 수술하는 날은 면도하지 않는다. 모든 것이 잘되기를 바라는 마음을 담아서.

나는 나쁜 의사인가?

전공의 시절의 일이니까 벌써 30년도 더 지난 이야기다. 척추수술 후 합병증으로 하지의 이상이 생겨서 장애인이 된 환자가 있었다. 휠체어를 타고 수시로 수술한 교수님의 외래 때 진료실 앞에서 시위하고 고함치고 난동을 부렸다. 왜 안 그럴까. 좋아지려고 수술했는데 결과는 장애인이 되었으니 환자로서는 억울하고 분할만 했다. 기억으로 수술의 문제는 무엇이었는지 모르겠지만 교수님으로서도 난감한 상황이었을 것 같다. 죽을 맛이지 않았을까? 일반인들은 의사라는 직업이 보람 있고 환자로부터 존경받는다고 하지만 그거야 치료 성적이 좋을 때 일이지, 결과가 나쁜데 감당이 되겠는가? 지금은 병원에서 난동을 피우는 경우가 드물지만, 당시만 해도 의료사고 시 시위하고 진료를 방해하는 것은 환자가 할 수 있는 흔한 모습이라 그러려니 했다. 당사자가 아닌 경우에는 그저 흥미로운 일 정도니까.

그러던 어느 날, 한동안 그 환자의 난동이 뜸하다고 생각하던 즈음인데, 환자가 가정불화 끝에 자살했다는 소식이 들렸다. 매우 안타까운 소식이었지만 과의 분위기는 묘했다. 뭐랄까, 대놓고 말은 못 해도 골치 아픈 일이 해결돼서 안심이라는 기류가 있었지 싶다. 참 기이한 상황이었다. 전공의 시절, 젊은 의사로서 당시 이 상황을 이해하고 받아들이는 것이 무척 어색했다고 할까? 왠지 나쁜 의사가 된 기분이라고 할까? 어쨌든 우리 잘못은 아닌데 결과적으로 편해졌으니, 사실 나쁘지 않았던 것인데, 참 이상한 것은 당시의 기억이 종종 환자와의 갈등이 생기는 때면 떠오른다는 것이다.

종양을 다루는 외과 의사로 살다 보면 예기치 않은 결과가 종종 생긴다. 어느 의사나 마찬가지겠지만 아무리 신경을 써도 예상치 못한 일들은 늘 있기 마련인데, 종양 분야에서는 더더욱 그렇다. 다른 전문 분야에서 발생하는 환자와의 갈등보다 종양 분야에서의 문제는 다소 심각하고 어렵다. 수술 후 염증이 생겼다거나, 증상이 개선되지 않고 오히려 악화했다거나 하는 수준이 아니라, 종양이 재발하거나 전이되는 경우, 환자를 대할 면목도 없고, 환자의 절망을 대책 없이 지켜보기만 한다는 것도 여간 곤혹스러운 일이 아니다.

오늘의 진료 신청을 한 환자의 명단을 진료 시작 전에 주욱 훑어본다. 처음 온 환자가 몇 분인지 재진 환자는 몇 분이고 어떤 치료를 받는 분인지를 살피는데, 아뿔싸 벌써 6번 정도 수술한 환자의 이름이 보인다. 마지막 수술 후 두 번째 방문인데, 직전에 사전 검사를 하고 결과를 보기로 한 날이다. 이 환자에 관해 설명하자면 이렇다. 내게 오기 1년 반 전에 넓적다리뼈 골절로 다른 병원에서 수술을 받았다. 지금 봐도 자연스러운 골절이고, 수술도 아주 깔끔하게 잘 된 상태였다. 수술 후 경과를 보던 중에 이상하게도 골절이 유합되지 않는 현상이 생겼고, X-Ray도 이상해서 추가 검사를 해 보니, 아주 드문 일인데 보이지 않은 악성 종양이 뼈 안에 있었고 그로 인해 골절이 생긴 것이었다. 부랴부랴 재수술을 통해 악성 종양을 포함 주변의 모든 조직을 다 제거했으나 이미 암이 주변으로 터져 나간 뒤라 끊임없이 재발했다. 도무지 어느 부위에 어느 정도의 암세포가 퍼져나간 지를 알 수가 없으니 검사에서 발견될 때마다 국소적으로 제거를 할 수밖에 없고 그러니 환자도, 치료하는 의사도 답답하기는 마찬가지다. 불과 2년 새에 언제 끝날지 모르는 기약 없는 수술을 7차례 이상 받는다는 것은 그야말로 고역이지 않을까? 좌측 허벅지는 그야말로 뼈만 남았다. 여기저기 근육에 재발한 종양을 제거하느라 근육이 성한 게 없어서 그런데, 그 와중에도 목발을 사용하지만 걸어는 다닌다.

"교수님, 이번 검사는 어떤가요?"

"글쎄요, 한 번 볼까요?"

초음파 검사 결과지와 영상을 본다. 이런, 작지만 전이 종양으로 보이는 종물이 또 근육 속에 생긴 것 같다. 아직은 작아서 추이를 지켜봐야 하지만 그렇다.

"전이 종양으로 의심되는 게 또 하나 보이네요."

"어휴... 또요... 늘 하는 질문이지만 어떻게 안 될까요? 이러다가 다른 곳으로 전이되면 죽는 거지요?"

"저도 늘 하는 답변이지만 지금은 이런 식으로 지켜보다가 생기면 떼는 수밖에 없고요, 듣기 불편하겠지만 언젠가 있을 몹시 나쁜 일을 피하려면 다리를 절단해야 하는 수밖에는 없습니다."

단단히 마음먹고 말했는데 의외로 덤덤하게 "네. 그런 말씀 하실 줄 알았고요, 저 그냥 이렇게 살다가 죽을랍니다"라 말한다.

....

잠시 침묵이 흐르고 "저~, 선생님, 저 다른 병원 가봐도 될까요?"라 묻는다.

귀가 번쩍 뜨인다. 표정은 다소 당황하는 모습이었지만 "당연하지요. 저라도 그랬을 겁니다. 언제든지 다른 병원도 한번 다녀오시는 것을 추천합니다"라 답한다.

그랬다. 정말 그래 줬으면 하는 마음이 있었던 것 같다.

어떤 의사는 치료하던 환자가 다른 병원에 가보고 싶다고 하면 매우 불쾌한 표정을 짓는다고 한다. 심지어 버럭 화를 내는 분도 있다고 하는데, 나는 수십 년 의사 생활에서 단 한 번도 그런 적이 없다. 환자에게 진료 선택권이 있다는 것은 너무도 당연한 일이기도 하지만 나는 늘 환자가 부담스럽기 때문이라 그랬던 것 같다. 뭐 명의가 될 그릇은 못 되는가 보다.

아무튼, 이 환자도 지금까지 수차례 수술을 하면서 –물론 내 탓이 아니라는 것은 환자도 잘 알고 있고, 그 점에서 불평한 적이 없지만– 내게는 여전히 업보와 같은 느낌이 드는 것이 사실이었다.

다른 병원 진료를 보기 위해 필요한 자료들을 복사해 드리라고 했는데 진료실을 나가기 전에 환자가 씨익하고 웃으면서 "교수님, 저 내치려는 것 아니죠? 다른 데 가서 보고 마음에 안 들면 다시 올 겁니다"라고 말했다.

"그럼요, 언제든지요"

그렇게 마지막 진료를 본 지 한두 달이나 됐을까? 진료실로 내려가는 계단에서 갑자기 그 환자가 생각이 났다. 다른 병원에서 진료는 잘 받고 있나? 별일은 없으려나? 등등. 그런데 그 날 진료를 보러 왔다.

"다른 병원에서는 뭐래요?"

"사실 다른 병원 안 갔어요."

"아니 왜요?"

"교수님보다 더 나쁜 소리를 할까 봐 겁도 났고요, 뭐 그냥 교수님에게 맡기는 것이 운명 같더라고요."

그랬다. 아, 좀 편해지려나 했는데, 이런, 작전 실패다. 진료를 보고 나가면서 "교수님, 저 원망 안 할 테니까 포기하지는 마세요"라고 말한다.

빙그레 웃음이 난다. 그래야지요. 제가 포기하면 안 되지요.

잠시나마 다른 병원에 갔으면 했던 나는 나쁜 의사가 아닐까 싶다. 그렇지만 나는 늘 생각한다. 내게서 치료받다가 나빠지느니 차라리 나보다 훨씬 실력 좋은 의사를 찾아가 줬으면 하고 말이다.

홍순기

profile

서울 출생
서울의대, 동대학원 졸업(의학박사)
서울대학병원 산부인과 전공의 수료(산부인과 전문의)
한국 성폭력상담소 이사장 역임
대한피임생식보건학회, 대한폐경학회,
대한산부인과학회 부회장 역임
한국 성폭력상담소 상임이사(현)
청담마리산부인과 원장(현)

주　소 | 서울시 강남구 삼성로 712 청담마리산부인과
이메일 | mariehong59@gmail.com

흐린 아침, 단상(斷想)

　　　　　우리는 모두 마음속에 각자의 불꽃을 안고 살아간다. 그것은 뜨거운 사랑일 수도 있고, 성취에 대한 열정일 수도 있으며, 또는 존재의 이유를 탐구하는 고독한 갈망일 수도 있다. 그러나 때로는 이 불꽃이 우리가 발 딛고 있는 사회의 견고한 질서와 충돌하며 깊은 고뇌를 안겨주기도 한다. 이러한 주제는 고전적으로 많은 예술가들의 화두가 되어 수많은 명작들이 만들어져 왔다.

　　그중 톨스토이의 「안나 카레니나」는 이러한 삶의 비극적인 단면을 극명하게 보여 주는 걸작이다. 물론 톨스토이가 이 작품을 통해 보여주는 여러 인물들의 서사가 모두 각각 굵직한 주제들이기도 하다.

안나는 러시아 정계 최고의 정치가를 남편으로 둔 완벽한 귀족 부인이었지만, 냉랭한 남편 카레닌과의 결혼생활은 공허한 나날의 연속이었다. 메마른 그녀의 가슴에 브론스키라는 젊고 매력적인 장교가 거부할 수 없는 한줄기 빛을 타고 새처럼 내려앉았다. 안나는 당시의 사회가 금기시하는 불륜임에도 불구하고 타오르는 욕망을 좇았고 예견되는 대로 그녀는 그 대가를 혹독히 치러야 했다. 결국 사회적인 지위와 명예, 그리고 가장 소중한 아들 세료자와의 관계를 상실하고 절망을 이기지 못한 그녀는 달리는 기차 바퀴로 몸을 던진다.

안나의 선택은 어쩌면 진정한 자기 자신을 찾기 위한 필연적 과정이었을지는 모르지만 사회적 틀 속에서 보장받았던 그녀의 모든 것을 박탈당해야 하는 비극이었다. 이혼이 사회적 죽음과도 같았던 19세기 러시아에서 안나는 무력하게 파멸의 나락으로 떨어질 수밖에 없었던 것이다. 소설의 제목이 「안나 카레니나」인 것도 그녀가 카레닌의 부인 안나임을 결코 벗어날 수 없음을 의미할 것이다 .

20세기 말과 21세기에 걸친 영국의 찰스 3세 국왕과 카밀라 왕비의 스캔들 엔딩은 사뭇 다르다. 찰스 왕세자는 20대부터 카밀라와 깊은 교감을 갖는 관계였으나 당시 영국 왕실에서는 카밀라의 신분이 전통과 규율 상 왕위 계승자와 결혼하기에 적합하지 않다는 내부적 판단을 내렸고 찰스 왕세자는 이를 거역

하지 못했다. 결국 카밀라는 다른 남자와 결혼을 하고 찰스 왕자도 왕실과 대중의 기대에 걸맞은 젊고 아름다운 다이애나를 왕세자비로 맞게 되었다. 다이애나는 왕실의 생활에 적응하며 두 아들을 낳고 대중의 사랑을 흠뻑 받았지만 실제 그녀의 결혼생활은 행복하지 않았다. 찰스 왕세자는 책임감과 의무감의 결혼 생활을 유지하면서 카밀라와의 불륜을 지속하고 있었던 것이다. 게다가 다이애나가 비극의 죽음을 맞이하자 대중의 비난이 그 두 사람에게 쏟아졌다.

이후 찰스 왕세자는 카밀라가 다른 남자와 결혼할 때 도피했던 자신을 후회했다고 말하며 카밀라와의 관계를 이어나가고자 했다. 한동안 대중의 비난과 냉소가 빗발쳤으나 꾸준히 카밀라를 동반자로 소개하고 카밀라 역시 조용히 왕실 구성원으로서의 역할을 수행하면서 서서히 여론의 변화가 일었다.

결국 두 사람은 소박한 결혼식을 치르고 찰스가 왕위를 계승하면서 카밀라는 왕실의 허락 속에 찰스 3세 국왕의 부인으로서 2022년 왕비의 칭호를 받게 되었다. 찰스 왕세자와 불륜으로 폭로된 지 꼭 30년이 지난 시점이다.

오랜 인내와 시간이 필요했지만 그 사랑을 지켜가기 위한 일관적인 모습에 대중은 사랑의 진정성을 보기 시작했고 왕실도 이를 인정한 것이다.

인간의 본성은 크게 변하지 않는다. 비록 사회적 규범 안에서 불륜이라는 틀에 갇히지만, 그 기저에는 인간의 근원적인 갈망이 있다. 겪어야 할 내면적 고통은 과거와 다르지 않았을 것이지만 이를 극복할 수 있는 기회는 과거와는 완연히 다르다. 21세기 사회는 훨씬 유동성이 있고 대중이 바라보는 도덕성의 잣대에서도 삶의 다양성을 허용하기 때문이다. 부정할 수 없는 지위 때문에 어긋난 열망이었으나 완성된 인격이 시대의 흐름에 힘입어 이루어 낸 아름다운 결말이다.

6월의 마지막 일요일, 흐린아침이다.

창밖 한강의 수면 위를 바람이 훑고 있다. 무형의 바람을 알 수 있는 건 수면의 물결이다. 빛은 그 위에 윤슬을 뿌려대며 은밀히 재잘댄다.

얼마 전 저 위를 V자 대형으로 이동하였던 새들의 무리는 어디에 도달해 있을지? 한참을 뒤쳐져서 힘겹게 무리의 꽁무니를 파닥거리며 좇던 세 마리의 꼴찌 새들은 무리에 잘 합류를 하였는지? 강 저편의 바람과 강 이편의 바람은 이들을 하나로 합쳐주는 건지 아니면 만나지도 못할 다른 세상으로 내몰아버리는 건지…

철새 무리에 꼴찌 새가 늘 있듯이 지금도 슬픈 안나는 어딘가에 있을 것이라는 생각을 해본다.

언어의 정원

천둥번개가/ 아주 조금 치고는/ 흐리어져서
비도 내리지 않나/ 그대 잡을 것인데
천둥번개가/ 아주 조금 치고는/ 비 안 내려도
나는 머물겠어요/ 그대가 잡는다면

이 시는 일본에서 가장 오래된 와카집인 만요슈(만엽집, 萬葉集)에 실려있는 사랑을 노래하는 문답시이다.

만요슈는 8세기경 편찬된 일본에서 현존하는 가장 오래된 와카집이며 일본 고유의 정형시를 일컫는 와카는 5-7-5-7-7의 5운절로 되어 있다. 시대적으로 우리나라 향가에 해당하는 위치로 볼 수 있다. 부러운 것은, 전해지는 것이 총 25수에 불과한 향가와 달리 만요슈는 전 20권으로 4,500수 이상의 방대한 양의 시들을 수록하여 지금까지 전해지고 있다는 것이다.

천둥번개가 아주 조금 치고는 흐리어져서 비도 안 내리는 날씨… 연인을 보내기 싫은데 뭔가 핑계를 만들고 싶은 수줍은 여인의 마음이 느껴진다. 남성은 그런 여인에게 비가 오든 안 오든 그대가 나를 잡는다면 당신 곁에 머무르겠다며 여인에게 자기를 잡을 용기를 부추긴다. 천오백 년도 넘게 지난 오늘 읽어도 남녀의 밀고 당김에 대한 언어적 표현이 기막히게 아름답고 세련됐다.

이 시를 접하게 된 건 우연히 보게 된 〈언어의 정원〉이라는 일본 애니메이션 영화에서이다. 장마가 시작되는 어느 비 오는 날, 동경의 시내 한복판이지만 고풍스러운 공원의 정자(亭子)에서 우연히 만나 알아가게 되는 남녀의 이야기이다. 영화의 내용 속에 녹아 있는 이 시가 얼마나 감칠맛이 나던지 이 시가 수록된 만요슈 번역본 11집을 구입하여 주욱 읽어 보기도 했다.

   내가 그의 이름을 불러 주기 전에는
   그는 다만 하나의 몸짓에 지나지 않았다
   내가 그의 이름을 불러 주었을 때
   그는 나에게로 와서 꽃이 되었다

언어가 대상을 분류하고 의미를 부여하는 도구임을 철학적으로 설명하고 있는 김춘수 시인의 〈꽃〉은 클리셰이지만 이럴 때 여전히 인용하게 된다.

세상을 눈이라는 말초감각기관으로 보지만 언어를 통해 뇌에 각인된 경험과 어휘력으로 이를 인지하고 느끼게 된다. 와인을 그저 하나의 술로 마신다면 사람들은 그냥 '달콤하거나 떫거나 맛이 있다' 정도의 표현을 할 수 있을 것이다. 그러나 '오크향', '배리류의 아로마', '타닌감', '피니쉬', '바디감' 같은 언어적 개념을 알게 되는 순간 와인은 완전히 다른 차원으로 느껴진다. 이러한 단어들은 미묘하고 복잡한 미각적, 후각적 감각들을 분리하고 명명함으로써 뇌가 해당 감각들을 훨씬 더 세밀하게 지각하고 분류할 수 있도록 한다. 예를 들어 '오크향'이라는 단어를 인식하고 와인을 음미하면 와인에서 느껴지는 특이한 나무 냄새를 인식할 수 있고, 개다가 와인의 양조 과정을 알고 있다면 이 향이 오크통 숙성에서 기인한 것임까지 연결 지을 수 있게 된다. 그저 특이한 향에 불과했던 것이 오크 숙성의 복합적인 풍미라는 경이로운 경험으로 승화되는 것이다.

마찬가지로 교향곡 연주에서 'Adagio cantabile e con moto' 같은 지시어는 연주자와 청중 모두에게 음악적 경험의 지평을 넓혀준다. 'Adagio'는 '느리게'를 의미하지만 'catabile'는 '노래하듯이', 그러면서 'e con moto' 즉 '움직임을 가지고'라는 지시어로 연주자들이 단순한 속도나 멜로디 이상의 감정적 깊이와 움직임을 갖고 음악을 표현하도록 이끈다. 청중 역시 그 악장이 그 지시어에 따라 연주되는 것임을 미리 인지하고 들으면 그저 아름다운 소리를 듣는 것을 넘어, 느리지만 몸을 좌우로 흔들며 흥얼거리기라도 할 듯한 정서적 도취에 젖을 수도 있게 된다. 그리하여 언어의 색을 입힌 음악은 여행 중 만난 어떤 풍경이나 영화의 한 장면을 그리게 만들 수도 있다.

인간은 언어를 통해 사물을 지각하고 그 지각의 깊이와 풍요로움은 우리의 경험과 감성, 그리고 어휘력에 비례한다. 언어는 단순히 세상을 묘사하는 수단이 아니라 우리 내부에서 그것을 재창조하고 의미를 부여하는 마법이다.

정원은 있는 그대로의 자연이 아니고 인간이 자기의 눈에 아름답게 보이도록 조성하는 것이다.

누구에게든지 삶이 녹록하지는 않다. 그럴수록 팍팍한 삶 가운데 마음의 눈으로 더욱 깊이 보려고 공들이는 것이 중요하다. 그리고 느끼는 것에 대하여 언어를 수집하고 배치하고 꽃 피워서 기왕이면 아름답고 풍요로운 언어의 정원을 만들어 거닐 수 있다면, 힘들고 메마른 삶이 위안을 받고 기운을 받을 수 있지 않을까.

양 훈 식

profile

중앙대학교 명예교수(현)
대한임상보험의학회 명예회장(현)

제주한라병원 이비인후과장
건강보험심사평가원 진료심사평가위원회 위원장
근거창출임상연구 국가사업단(NSCR) 단장
대한의사협회(KMA) 보험부회장
대한임상보험의학회 이사장
대한이비인후과학회 부이사장
중앙대학교 의과대학 이비인후과 주임교수
중앙대학교병원 이비인후과 과장

이메일 | yhsljr@cau.ac.kr

폭싹 속았수다!

　　　　　　제주는 나처럼 나이가 든 사람에게는 살기가 너무 좋은 동네이다. 육지에 비해 기온이 따뜻하고 온화하며, 서울과는 달리 들이마시는 공기도 아주 신선하고 맑다. 산을 보고 싶으면 들로 가고, 들이 보고 싶으면 산으로 가라는 말처럼, 바다와 한라산을 항시 볼 수 있어서인지, 마음이 넓어지는 여유도 생겨서 주위의 사물도 자세히 보이고, 무심코 지나쳐서 보이지 않던 것도 보인다.

　제주에 바람과 돌이 많은 것은 천연의 자연환경 때문이고, 여자가 많은 이유는 육지 사람에게는 파도와 바다가 아름답고 멋지게 보이겠지만, 바다가 생활의 터전이라서 배를 타고 나간 남정네가 아무 이유도 설명도 없이, 돌아오지 않은 때문일 거라고 막연하게 짐작하였었다. 산기슭이나 해변에서 조금 먼 곳의 언덕에 길쭉하거나 조금이라도 높이 서 있는 바위가 있으면, 여지없이 바위의 이름은 망부석(望夫石)이고, 해변에 서 있으면 촛대바위나 등대바위라는 명칭이 붙는다.

제주에 여성들이 많다더니 혼자 다니는 여성은 시내의 길거리에서는 띄엄띄엄 보인다. 자주 부딪히지도 않는다. 그러나 여럿이 떼를 지어 다니는 여성들은 많다. 자세히 보면 화려하지만, 세련미만큼은 보물처럼 깊이 숨겨서 보여주지 않는 여자들이 아주 많고, 이들 곁을 지나치면 여지없이 중국 말을 하고 있다. 편스토랑(편의점에서 식사를 해결)에도 중국 사람은 많고, 왁자지껄한 분위기로 소란스러우면 틀림없이 육지에서 온 관광객들이다.

제주도에 많다던 여자는 도대체 어디 있는지?
그 이유는 제주에서는 여성들이 모두가 일을 하고 있고, 한가롭게 살림만 하거나 노시는 분이 거의 없어서 그렇다. 부지런하게 일들을 하고 있으니, 한가롭게 길을 걸어 다니는 여성이 안 보이는 거다. 제주의 오일장터에 가보면 '할머니 장터'라고 아예 따로 마련된 장소가 있는데, 가게도 아닌 좌판을 깔고, 본인이 직접 재배한 채소들을 팔고 계신다. 귀가는 자동차로 하시고 버스를 이용하는 분은 드물었다. SUV 차량도 있고 트렁크가 큼지막하고 조금은 비싸 보이는 차들도 있다. 아하! 경제적으로 궁핍해서 일하시는 게 아니라는 사실을 금방 눈치챘다. 제주도는 땅값이 비싸져서 조상님이 물려주신 땅이 있다면 아마도 상당한 부자일지도 모른다는 생각도 들었다. 하지만 제주 사람이 모두 땅을 가지고 있지는 않을 터이고. 오로지 바다만을 생활 터전으로 생활하시는 분들은 고기를 잡지 못하거나, 전복은커녕 소라, 미역이라도 건져오지 못하면 궁핍하게 지낼 수밖에 없는 분도 많을 것 같다는 생각이 들었다. 주민센터에서 제공하는 '어르신 일자리'로 길거리에서 청소하시는 분, 재활용 쓰레기를 열심히 분리 작업을 하시는 분도 많이 보이는데, 이분들도 모두가 반드시 경제적 궁핍을 의미하는 게 아니라, 열심히, 건강을 위해서라도 열심히 움직이며 살아가는 거라고 막연하게 짐작했다.

육지에서는 비가 오는 날이면 병원에 환자들이 오지 않아 한가롭다. '유비무환(有比無患)'이다. 비가 오면 환자가 병원에 오지 않는다는 의미이지만, 제주에서는 비가 오면 오히려 병원이 북적인다. 이유는 비가 오면 밭에 나가 일을 못하고, 해녀도, 어선도 바다에 나가지 않으니 오히려 비 오는 날에 환자가 더 많이 온다는 사실, 유비유환(有比有患)임을 알게 되었다. 나이 든 할머니, 늙은 여성들도 많이 오는데, 하나같이 시집을 간 딸들이 어머니를 모시고 온다. 가끔은 며느리가 어르신을 모시고 오는 경우도 있다. 며느리가 모시고 오면, 마치 귀한 분이 오신 듯, 반갑게 인사말을 건네면 아뿔싸! 고모가 오늘은 도저히 다니는 직장을 빠질 수 없어서, 오늘은 며느리가 하루 일을 쉬고 어쩔 수 없이 대신 모시고 왔단다. 웃고픈 말을 사족(蛇足)처럼 붙이자면, 혹시 입원이나 수술이 필요하다고 설명드리면 갑자기 핸드폰을 꺼내들고 오빠나 남동생에게 전화를 해서 상의하거나, 집에 가서 의논해서 다시 오겠다는 말이었다. 이는 경제권이 없어서 돈이 필요한 입원이나 수술은 쉽게 혼자서 결정을 못 한다는 뜻이다. 제주에는 남성을 귀하게 여겨서 부모님이 재산을 남겨줄 때 아들에게만 물려준다는 풍습의 아주 강했다는 의미이기도 하다. 물론 요즘에는 법으로도 배우자 1.5, 아들딸 구별 없이 1.0을 배분한다는 사실을 들어서 알고 있지만, 혹시 자식들에게 물려줄 것도 없이 아주 경제적으로 어려운 분이 알면, 귀로도 눈물을 흘릴 것 같아서 이만 줄여야겠다. 여러모로 제주도는 육지와는 조금 다른 색다른 동네라고 여겼다.

나는 얼마 전에 아주 뜨거운 찬사를 받았던 드라마, 〈폭싹 속았수다〉의 소문을 듣고, 넷플릭스에 접속하여 전편을 시청하였다. 제주도를 배경으로 하였고 강인한 제주 여성, 3 대에 걸친 가족의 생활을 주제로 하는 드라마였다. 남자 주인공이 '양관식(박보검 주연)'으로 나의 이름과도 비슷해서 더 관심을 가지고 열심히 보았고, 1950~60년대 제주의 실상을 생생하게 전달하고 있었다. 깊은 감동을 주는 작품이었고 넷플릭스의 작품 중, 전 세계에서 1위의 시청률을 달성한 것은 당연하다고 생각되었다

'가난한 생활 속에 무능한 남편은 일찍 사망하고 오애순의 엄마는 딸 하나를 죽을힘을 다하여 키운다. 작가가 희망인 애순도 열심히 산다. 글을 쓰고 싶지만, 본인 뜻대로 잘 안 풀린다. 죽어라고 쫓아다니는 양관식과 결혼한 애순은 역시 딸 하나를 낳고서 딸의 교육에 돈이 필요하면 하나뿐인 집도 팔아 서울의 대학에 보내고, 자식을 위해서는 유일한 생계수단인 단 한 척뿐인 어선도 팔아버린다. 서울에서 잘나가는 집안의 아들과의 연애 끝에 결혼을 앞두고서는 신랑 부모의 노골적인 반대로 자기 딸의 결혼은 무산된다. 양관식은…'

나는 이 드라마를 보면서 우리나라는 역시 딸 아들 구별 없이 자식을 위해서는 최선을 다하는 나라임을 알았다.

나는 이제 4년 넘게 살았던 제주를 떠나게 되었다. 총무과에 제출하는 사직서에는 통상적으로 사용하는 문구, '일신상의 사유'로 기록하였다. 제주를 떠나는 가장 큰 이유는 가족과의 만남 때문이다. 서울을 떠나서 나의 일터였던 원주, 제주로 옮겨 다니다 보니, 객지 생활이 6년이나 되었다. 내 안사람인 御婦人도 이제는 자식들과 손주들이 눈에 자주 어른거리고 꿈에

보인다는 거다. 이 말은 제주에서 신혼살림처럼 단둘이 사는 것도 좋지만, 앞으로는 자식들과 손주 가까운 곳에 살고 싶다는 의미로 읽혀졌다.

병원 측에 그만두겠다는 의사표시를 하니, 병원장님은 사직을 반대하시며, 특별휴가를 제안하셨지만, 억지로 우겨서 사직의 허락를 받았다. 다행히도 서울의 유명한 대학에 두경부외과를 전공하시던 분께서 나의 빈자리를 메우시기로 하였다. 제주도에서 유일한 두경부외과 의사로 지낸 시절은 심적 부담은 있어도 자긍심도 있어서 좋았지만, 후임자가 오신 상태에서 떠나게 되어 훨씬 마음의 부담이 줄어들었다.

그동안 나는 주소도 이전하여 제주도민으로 살았다. 지하철이 없는 제주도에서는 65세가 되면 시내버스를 무료로 탈 수 있는 '제주교통복지카드'를 발급해주고, 만 70세가 되는 생일날에는 '어르신 행복택시'라는 이름으로 cyber money인 16.8만 원을 매년 지급해 주는 복지혜택도 있다. 이렇게 멋진 제주도를 떠나게 되어 매우 아쉽다. 척박한 땅에서 오로지 바다만 보고, 바다에 의지하며 열심히, 근면하게 최선을 다해 살아가는 제주의 모두 분께 '폭싹 속았수다'라는 말을 꼭 전하고 싶다. 세계적인 관광지이기도 한 제주에 사람들이 더 많이 찾아와서, 더 잘사는 제주도가 되기를 기원한다.

슈바이처의 후예

　　　　　　　모두가 돌아오시기를 기다리던 분들이 드디어 돌아오셨다. 그분들은 바로 의과대학생님과 전공의 선생님이시다. 떠날 때는 풍선에서 바람이 빠지듯 바닷가의 썰물처럼 슬금슬금 멀어지더니 전국의 의과대학의 강의실과 수련병원에서 자취를 감추신 분들이시다. 공백 기간이 무려 1년 반이나 된다.

　돌아올 때도 개선장군처럼 요란하게 돌아온 것이 아니라, 슬금슬금 나타나서 강의실의 의자에 앉고, 병원에서는 잠시 휴가를 다녀온 것처럼, 눈인사 한 번 하고는 별일 없었다는 듯이 업무에 복귀한 듯하다. 신문이나 TV에서도 특종 기사는 아닌 듯, 가볍게 취급하는 것 같아서 조금 의외라는 생각이 들었다. 병원은 시스템으로 운영되는 조직이므로 적응이 빠를 것 같고, 의과대학은 오랜 기간의 공백이라서 원활한 학사일정을 위해서는 업무처리에 조금은 분주할 것으로 예상되었다.

양훈식 101

이미 다 아는 이야기이지만, 오랜 기간의 공백이 발생한 것은 '급격한 의과대학 정원의 증가 정책'이 원인이었고, 국민에게도 합리적이고 충분한 이유를 제대로 설명하지 못하여 의료계의 협조를 얻지 못했다는 표현이 맞을 것 같다. 그렇지만 나라를 이끌어가시는 분들의 '우리나라 실정에 의사가 부족하다'는 인식은 확고해 보이니, 무조건 의료계가 반대한다고 해서 못 이룰 일은 아니다. 충분한 자료와 대화를 통해 슬기롭게 해결되리라 예상한다.

나는 1970년대, 이미 50년 전에 의과대학 교육을 받은 사람이라 사고방식이 아주 늙은 사람, 연식이 오래된 사람에 속한다. MZ세대까지는 아니더라도, 젊은이들과 대화할 때 세월이 흐름을 '走馬燈처럼', '쏜살같이'로 표현하는 것, 인터넷과 화상통화를 사용하는 시대에 '발 없는 말이 千里간다'와 같은 말을 사용하는 것은 어울리지 않는 것 같다. 우리나라는 삼면이 바다이고 북쪽으로는 휴전선만 존재하여, 엄밀한 의미의 국경을 글이나 말로 표현하기가 조금 어렵다. 젊은이들에게 국경의 개념은 도착하는 나라의 출입국 관리소일지도 모른다는 생각도 들어서, '국경의 밤'처럼 서정적인 표현을 하기도 어렵고, 불 보듯 뻔하다는 뜻의 '명약관화(明若觀火)'와 같이 한자 실력이 기본적으로 있어야 이해되는 단어들은 가능하면 사용하지 않는 게 좋겠다는 생각이다.

금년에 만 70세가 되었지만, 안경이 필요 없을 정도로 시력이 양호하고 손도 떨리지 않아, 아직은 칼잡이로서 수술실을 들락거리는 의사로 살고 있다. 비록 시골이지만 의사 생활을 하고 있는 이유는 여전히 지방에서는 필수의료를 담당하는 전문 의사가 부족하고, 후배에게 업무 인계를 하고 싶어도 마땅히 젊은 의사를 구하기 어렵기 때문이다.

아직도 인정되는 속담은 '사람이 태어나면 서울로 보내고 말은 제주도로 보내라'인 것 같다. 젊은 사람은 대도시에서 많이 배우고 얻는 것도 많다. 특히 자녀의 교육이나 문화적인 혜택, 그리고 젊은이가 즐길 것도 많은 대도시를 선호함은 당연하다.

앞으로 우리나라가 무의촌, 의료취약지구의 의료서비스를 공보의로 유지한다는 정책을 바꿀 필요가 있지 않나 생각한다. 군의관으로 36개월(3개월의 훈련기간을 포함하면 39개월 복무)는 당연히 해야 할 국방의 의무인데, 이를 피하고자 18개월로 군 복무가 가능한 일반병으로 입대를 지원하는 의대생이 증가한다는 뉴스도 많이 보았다. 이처럼 우리나라 곳곳에 의료인력자원이 부족하다는 증거와 사인(sign)이 올라오는데, 의료계가 의대생의 증가, 의료사관학교, 공공의대, 신규 의과대학 설립을 반대만 한다고 일이 해결될 것 같지는 않다.

또다시 진료를 거부하여 의사들이 병원을 뛰쳐나가고, 의대생들이 수업 거부, 집단 휴학을 다시 해서는 안 된다고 생각한다.

국민의 성원과 지지를 전혀 받을 수 없고, 한 번 신뢰가 무너지면, 의사들의 진료와 의료행위를 법적으로 보호하던 의료법이 얇아지거나 구멍투성이, 누더기가 될 수도 있다. 의사가 방어적 진료를 하기 시작하면 이는 바로 환자의 피해로 이어질 수 있다.

히포크라테스 선서를 한 의사는 환자 곁을 떠나 국민의 신뢰를 잃는 일이 있어서는 절대 안 된다. 항상 최선을 다해 노력하고, 환자의 입장에 한 번만이라도 서서 상대의 입장에 서서 생각해 보아야 한다.

역지사지(易地思之)
내가 만약 너라면!
If I am you are!

전공의, 레지던트 때에 나의 스승님에게서 귀에 못이 박히도록 들은 이야기이다.

간호사의 마음속에 나이팅게일이 있다면 우리 젊은 의과대학생, 젊은 의사의 마음속에는 슈바이처를 모시고 살아야 한다.

'슈바이처의 후예'들의 귀환을 모든 대한민국의 국민들이 기다려 왔다.

양은주

profile

서울 출생
연세의대(의학박사)
세브란스병원 재활의학과 전공의 수료(재활의학과 전문의)
분당서울대학교병원 재활의학과 임상부교수(현)
대한암재활의학회, 림프부종학회 이사(현)

저 서 | 「림프부종, 암재활매뉴얼」, 「내가 살린 환자, 나를 깨운 환자」,
　　　「리부트: 마이라이프」 등
이메일 | graceloves@gmail.com

통증, 침묵, 그리고 존재의 응답

　　　　　병원에서 아침을 맞이합니다. 당직이었거든요. 5월 달 들어서면서 본격적으로 당직 스케줄에도 제 이름이 올려져 있다는 사실 자체가 그냥 좋았습니다.

　모두 고생하는 그 자리에 일원으로 함께 한다는 것, 누구에게는 당연한 일상일지 모르지만, 지난 삼 년 동안 그리워하며 되찾기 위해 부단히도 애썼던 일상이었기에 소중하게만 느껴졌지요. 나도 당직을 서는구나.

　이십 년도 지났지요. 재활의학과는 일년 차만 당직을 서는 시스템에서 전공의 수련을 했기에 전공의 이년 차가 된 첫날은 하루도 빠짐없이 울리던 콜이 더 이상 울리지 않아 어색해하며 콜만 바라보며 기다렸던 저였는데, 병원에서 자는 것이 오히려 익숙하여 남의 집 같은 부모님 댁에 들어가면 오히려 잠이 오지 않아 고생했던 일은 까마득히 잊어버리고 살았었지요.

당직실이 어디 있는지 비밀번호는 몇 번인지도 몰라 같은 과 여자 교수에게 어색하게 물어본 지 아직 한 달도 지나지 않았지만, 제법 익숙해지고 있습니다.

콜을 못 받을까 봐 강한 진동으로 메시지 알림 세팅을 바꾸고 한 손에 꼭 쥐고 눈이라도 잠시 붙여볼까 선잠으로 밤을 새우다시피 했던 병원에서의 첫날밤. 당직실 이층 침대 아래층에 누워 아주 가깝게 놓인 나무 천장을 올려다보며 정작 콜이 오면 어떻게 대응이나 제대로 할 수 있을지 고민했지만 생각보다 병동은 조용했답니다. 제가 혈액종양내과에서 79세 된 육종암 척추전이된 환자분을 전과 받기 전까진요.

10년 전 육종암 진단을 받은 80세 여자분이었어요. 몇 년 전 척추 전이가 있어 척추 수술을 받고 잘 지내던 중 몇 주 전 극심한 통증으로 병원에 찾아온 이후 요추 2번 척추에 암이 재발되어 압박 골절이 심해 신경도 누르고 있어 통증 완화를 위해 방사선 치료를 받고, 재활치료도 혹시 도움이 될 수 있는 것을 찾아달라는 부탁이었죠. 따님이 간병을 하고 있었습니다. 혈액종양내과 입원 병동으로 찾아가 닫힌 커튼을 열고 조심스레 찾아갔습니다. 척추 보조기 변경이 필요할지 확인도 해달라는 협진 기록에 따라 우선 질문을 했지요. 요추 2번 척추뼈가 이전에 비해 불안정하게 압박 골절되어 있기에 통증이 심해진 것으로 보인다,

그 부분을 고정시키는 보조기가 필요하다, 설명하는 내게 딸은 그동안 처방받았던 여러 개의 보조기가 보관된 환자용 캐비닛을 열어 보여주며 굳이 보조기는 필요 없다고 했지요. 아파서 누워 있던 환자도, 본인은 그동안 운동 열심히 하고 아프지만 않으면 걸어 다니는데 지장 없었다며 재활치료는 필요 없다고 했지요. 약간은 성가신 눈치였습니다. 방사선 치료 받는 것이 더 급했지요. 혹시 필요하면 다시 오겠다고 인사하고 나온 지 며칠 지나, 방사선 치료가 다 끝나고, 재활 치료를 좀 더 하다 갈 수 있도록 전과해도 좋을지 다시 협진이 났습니다.

부담되기도 했고, 단기적으로 퇴원하여 집으로 돌아가기는 어려운 상황이라, 진료협력센터를 통해 암환자를 위한 재활도 함께 할 수 있는 병원을 연계해 드려도 좋겠기에 환자와 보호자에게 상의해 보고 다시 연락을 달라고 한 지 하루 만에 환자 보호자로부터 원한다는 답변을 받았지요. 내과적으로도 안정화되고 척추 전이 전에는 건강했던 환자라, 재활병동에서도 큰 무리는 없겠다 싶었지요. 그래도 주말을 피하고 월요일에 보내달라 했지요. 지난주 월요일이었어요.

재활병동에서 이제 이런 이런 치료를 할 거다, 통증은 이렇게 조절할 거다, 설명하는 내게 환자분이 처음에 힘 세 보이는 남자 교수가 아니라, 여리여리한 여자 교수가 과연 힘이나 있으려나 싶었다고 솔직하게 말씀하시더군요. 이 병원 신경외과 교수, 마취통증의학과 교수님을 다 잘 아는 단골손님이다,

그동안 참 열심히 살았고 안 아프고 운동도 열심히 하고 살았는데 이렇게 아파본 것은 처음이다, 하셨습니다. 그리고 통증이 있을 때마다 혈액종양내과에서 놓아주었던 주사를 빨리 놓아달라고 하셨지요. 암성 통증 조절로 극심한 통증을 호소하는 경우, 여러 진통제가 듣지 않는 경우에 해당했기에 지난 3주간을 마약성 진통제를 주사로 한 시간 간격으로 원하고 있었습니다. 통증 수치가 10점 만점에서 5점 이상에 해당할 정도로 호소하셔서 1시간 간격으로 주사 처방을 하며 버티다가 더 이상 아파서 견딜 수 없다, 약을 올려달라, 더 강한 약을 처방해 달라 요청하는 환자와 보호자를 달래고 있는데 마침 지나가던 분이 한마디 하십니다.

"그렇죠. 아픈 걸 참으면 안 되죠… 아픈 건 참지 마세요. 진통제 필요하면 맞으셔야지요."

장운동이 잘 안되어 변비로 좌약과 관장을 시도하다가 오히려 자극이 되어 통증이 더 심해졌다고 말하는 보호자에게 마약성 진통제는 좀 줄이고 물리적 자극을 주는 요인을 찾아서 수정해 보자고 설명하던 중이었습니다. 통증을 조절한다는 것, 진통제를 준다는 것은 아프다는 환자에게 구구절절 설명하지 않고 필요한 요구를 들어주는 것인데, 왜 이렇게 찝찝한 기분이 드는지 기분이 묘했습니다. 진통제를 줄여보려는 제가 무언가 잘못하고 있다고 무언으로 말씀하고 가신 것 같아 의기소침해졌습니다. 굳이 마약성 진통제를 줄이는 시도를 해야 하는가.

다음 날, 환자분 혈압이 떨어졌습니다. 소변이 나오지 않았지요. 심장 박동수가 불규칙해져서 safer 팀이라는 병원 응급구조팀이 다녀가고, 쇼크 상태로 심장에 전기 충격을 주고, 혈변을 보고 각종 모니터를 달고 매일매일 혈압이 정상이길, 감염이 진행되지 않길, 출혈이 되지 않길 여러 과들이 함께 지켜보는 불안정한 상태가 되었습니다. 과량의 morphine 마약성 진통제는 혈압을 떨어뜨릴 수 있기에 조심하라는 마취통증학과 협진 의견이 있었지요. 환자도 보호자도 버티고 있습니다. 금단현상으로 섬망도 있는 상태로 하루하루 안정화가 되길 지켜보고 있지요. 아프다는 표현도 별로 하지 않은 체,..

어쩌면 통증이 사라진 것이 아니라, 섬망과 인지기능저하로 오히려 통증 표현을 억누르고 있을지도 모릅니다. 회복한 상태가 아니라 비의도적인 침묵 상태, 표현할 수 없는 상태로 빠진 것인지 모릅니다. 더 이상 아프지 않아 좋아진 것이 아니라, 말할 수 없게 된 것일지도 모릅니다. 그녀의 그 모습, 말하지 못하는 타자의 얼굴이, 침묵하는 그녀의 얼굴이 아른거립니다. 아직 전과를 가지 못하고, 불안정한 상태로 나의 환자로 남아 있는 이유는 계속 책임을 지고 돌보고 귀를 기울이라는, 과정과 그 시간을 함께 있으라는 명령일지도 모릅니다. 그녀의 간호기록과, 임상관찰기록과, 피검사와 각종 검사기록, 그녀의 시선, 침묵에 모두 귀를 기울이어야 한다고 말하고 있습니다.

환자가 불편하다고 집는 엉덩이 부위와 허리 부위를 만지며 어디가 어떻게 아픈지 물어보다가 문득 단순히 증상이 없는 상태로 만든다는 시도가 환자의 통증, 아프다는 말하는 것을 중단시키는 행위가 되어버리면 어쩌지, 아프다는 호소를 하지 못하도록 더 이상 통증을 호소하지 말라는, 듣지 않겠다는 귀막음을 정당화하면 어쩌지… 고민됩니다.

무슨 표정을 지을지 모르는 그녀의 얼굴 곁에 여전히 곁에 있음으로 응답하겠다는 준비가 먼저 필요할지 모르겠습니다.

기념일, 시간이 나에게 남긴 것들

드디어 칠 년이 지났어요.
아침 햇빛이 잔잔하게 스며들던 문이 열리고,
그녀가 환하게 웃으며 들어오는 순간
나의 기념일을
나는 떠올린다.

2018년 11월 18일.

늦가을의 풍요를 감사하며,
일 년의 결실을 되새기는 추수감사절
- 그저 그렇게만 기억되었어야 할 그날이,
다른 의미로 남아버린 날이다.
그리고 지난주로 칠 년이 흘렀다.

늦가을은 늘 그렇듯이

시간을 건너온 듯한 감각을 깨우고, 기억은 또다시 나를 과거로 데려왔다.

때로는 말 한마디, 때로는 쓸쓸한 냄새, 혹은 나뭇잎 하나가 색을 바꾸는 그 작은 풍경들이 모든 기억을 밀물처럼 되돌려놓았다.

한 해, 또 한 해를 조심스레 접어 책갈피처럼 기억 속에 넣어두는 동안 어느덧 일곱 번의 계절이 지나갔다.

처음엔 오 년쯤 지나면 자연스레 잊힐 거라 생각했다. 사람의 삶은 늘 바쁘고, 바쁨은 때로 기억을 희미하게 만드는 데 가장 합리적인 핑계가 되었다. 그러나 인간의 몸은 머리보다 훨씬 성실한 기억력을 지녔다. 서늘하고 퍽퍽한 가을 냄새, 가로수의 색이 조금씩 깊어지는 풍경, 옷장 속 깊숙이 넣어두었던 잠바를 다시 꺼낼 때 손에 닿는 먼지까지—그 모든 사소한 감각들이 칠 년 전의 시간을 정교하게 복원해냈다.

생각해 보면,

인생에서 '기념일'이라고 부를 만한 날들은 많지 않다.

자신의 생일, 가족의 생일, 결혼기념일, 혹은 마음속 아주 깊은 곳에 조용히 자리한 몇몇 특별한 날들. 대부분은 기쁜 날들이다. 손을 잡고 축하하며 되새김 속에서 웃음을 나누는 날들이다.

십여 년 전,

나는 아주 다른 종류의 기념일이 존재한다는 것을 알게 되었다.

'암 생존자의 날.'

오 년, 십 년 생존 메달을 만들던 그 시절, 나는 처음으로 깨달았다. 논문에서 세 자리 숫자로만 보이던 생존율이 누군가에게는 생의 가장 깊고 고요한 기념일이 된다는 사실을. 메달 하나를 정성껏 포장하는 동안, 그 안에 담긴 시간의 무게가 손끝을 통해 전해졌다.

살아낸 날들, 뜬눈으로 버틴 밤들, 그리고 눈물보다 더 많은 희망으로 이어붙여 맞이한 다음 계절의 첫걸음 - 그 모든 것이 메달의 표면에서 묵묵히 빛났다.

축하드립니다, 고생 많으셨습니다.

이런 말이면 충분하다고 생각했다.

암재활이라는 새로운 영역에 마음을 빼앗겨 있던 젊은 시절의 나는 위로의 언어를 너무 성급히 꺼냈다.

"금방 좋아질 거예요."

"조금만 더 지나면 훨씬 나아지실 거예요."

그 친절한 말들 속에는 조급함이 숨어 있었다.

그녀가 울먹일 때면 나는 먼저 휴지를 건넸고, 힘들다고 말할 틈도 주지 않은 채 "긍정적으로 생각하자"고 재촉했다. 지금 돌아보면, 그것들은 그녀의 슬픔을 들어주는 말이 아니었다. 내가 감당하기 어려웠던 그녀의 감정과 내 두려움을 덮기 위해

서둘러 꺼내든 얕은 약처방에 가까웠다. 잊고 싶지만 없을 수 없는 기념일이 생기고 칠년이 지나서야 성급한 나의 위로가 얼마나 미숙한지 되돌아 본다.

이제야 안다.

회복에는 시간이 필요하다는 것을.

그 시간은 결코 낭비가 아니라는 것을.

멈춘 듯 보이는 시간 속에서도

우리는 매일 조금씩 살아낸다는 것을.

아무것도 하지 않는 것 같은 순간에도

마음은 보이지 않는 곳에서 조용히 회복의 방향으로

향하고 있다는 것을.

지난주 토요일 밤, 오래 준비해온 '시간의 수업'은 다시 자신을 드러냈다.

깊은 밤이었다.

잠결에 느껴진 인기척에 눈을 떴다. 큰아들이 살며시 침실로 들어와 불을 켰다. 얼굴은 금방이라도 무너져 내릴 것처럼 흔들리고 있었다.

"엄마… 너무 힘들어…"

말없이 아이를 끌어안았다.

무슨 일이 일어난 것인지, 학교에서의 문제인지, 전공 때문인지, 혹은 휴학을 고민하는지—

마침내 아이가 입을 열었다.

"여자친구가… 오늘 아침에 헤어지자고 톡을 보냈어. 밤에 다시 얘기하자고 했는데… 지금 자정이 다 되어 가는데도 연락이 없어…"

순간 살짝 웃음이 일었다가 곧 사라졌다.

귀한 아들을 울린 아이에게는 속으로 "나쁜 노무 기지배"라는 말도 떠올랐다. 하지만 정작 마음 깊은 곳을 가득 채워온 것은 뜻밖의 감정이었다.

슬픔을 견디지 못해 달려온 마음이 자신을 가장 안전한 사람에게 기댄다는 사실, 마음이 부서지는 순간에 '엄마'를 선택해 찾아왔다는 사실,

펑펑 울어도 괜찮은 존재로 나를 여겼다는 사실-

그것들은 눈물보다 더 뜨거운 감사였다.

아이의 등을 오래도록 토닥이며 말했다.

"그래, 정말 많이 아프겠다…

엄마도 너 나이 때 참 힘들었어.

괜찮아. 울어도 돼."

그 순간 나는 또 한 번 깨닫는다.

누군가의 느린 속도를 함께 걸어주는 사람이 되기까지,

시간을 두려워하지 않는 마음을 갖기까지,

그 모든 것을 받아들일 수 있는 사람이 되기까지-

칠 년이라는 시간이 필요했음을.

양은주

다시 찾아온 눈물 속에서
... 나는 또 하나의 기념일을 맞이했다.
슬픔을 외면하지 않고 들어줄 수 있는 사람이 되었다는 기념일.
조급함을 내려놓고, 기다려줄 수 있는 어른이 되었다는 기념일.
누군가의 회복을, 그 사람의 속도로 지켜줄 수 있게 된 날.
우리가 '기념일'이라 부르는 날들은
사실 기쁨만을 기록하는 날이 아니다.
삶이 우리를 통과하며 남긴 흔적,
그 흔적을 조용히 더듬어보는 날이다.
그 흔적을 기꺼이 바라볼 용기가 생긴 날–
그날이야말로, 시간이 내게 남긴 가장 깊고도 사려 깊은 선물일 것이다.

한 광 수

profile

경기도 개성 출생
가톨릭의대, 동대학원 졸업
(의학박사, 외과 전문의)
공군 의무감
서울특별시의사회장
의협 100주년사 편찬위원장
한국국제보건의료재단 총재
사회복지법인 유린보은동산 이사장
인천원광효도요양병원 명예병원장(현)

저 서 | 『의사만 봉이지』, 『아버지 아버지 사랑하는 나의 아버지』,
『아니 부당청구라니!』, 『엄마, 엄마 미꾸리 안 먹어?』,
『Where is My Captain?』
육군진중가요 현상모집 당선작 『우리 분대장』 작사

이메일 | ksh8387@hanmail.net

Hafa adai
하파데이

　　　　벌써 올해도 다 저물어간다. 옛날에 나이 드신 어른들이, 젊었을 때는 세월이 늙은 황소걸음처럼 더디게 가는데 환갑, 진갑을 넘기면 그야말로 화살처럼 빠르게 흘러간다고 한탄하던 게, 내 나이 팔십을 넘기고 나니 한 해 한 해가 그처럼 빠르게 지나가는 걸 느낀다. 옛 어른 말씀이 틀린 게 없다는 게 백번 맞는 말이라고 무릎을 친다.
　팔십 평생을 살아가면서, 내가 남에게 자랑할 거리가 없나 하고 되새겨보니, 몇 가지가 떠오르기에 오늘은 그 얘기를 하려고 펜을 잡았다.

　대한민국의 남자로 태어나서, 군대 복무하는 게 새삼스럽거나 자랑할 게 못 되지만, 나는 남다른 군대 생활을 한 게 자랑스럽다. 군대는 육해공군과 해병대 가운데 한 군데만 가는 게 보통이고, 따라서 군번도 하나씩만 갖기 마련이다. 그러나 나는 해군과 공군에 다 복무했기 때문에 양쪽에서 대령 계급장을 달았고, 당연히 군번도 해군군번과 공군군번을 갖고 있다. 해군에서 대령으로 의무차감 겸 의무감 직무대행까지 하고, 공군으로 전군해서 항공의료원장 겸 의무감으로 근무했다. 공군의무감으로 있을 때는 국제항공우주의학회의 연례총회에 해마다 참가했는데, 어느 해인가 진해에 있는 육군대학의 교수로 근무했던 육군장교를 만났다. 그분은 날 자세히 훑어보더니 '당신 해군이었는데 어떻게 된 거야?'라며, 마치 내가 가짜 공군장교라도 되는 듯 힐난조로 물었다.

일반인들은 공군에만 조종사가 있는 줄 알지만, 육해공 해병대가 모두 자체 항공기를 보유하고 있고, 당연히 자군의 조종사들이 있다. 군의관들 중에서 특별교육을 받으면 비행군의관(Flight Surgeon)의 자격을 갖는다. 군복 가슴에 비행군의관임을 표시하는 흉장을 다니까, 간혹 일반인들은 조종사냐고 묻기도 한다. 군복에 흉장을 달면 폼도 나고 또 특수근무수당도 받으니, 비행군의관 교육에는 지원율이 상당히 높다. 내가 해군대위 때 공군항공의료원에 가서 비행군의관 훈련을 받겠다고 지원하니까 해군본부에서는 약간 정신나간 사람취급을 하는 이들이 있었지만, 해군의 장기정책을 담당하는 부서에서는 찬사를 보내고, 나에 대한 특별교육훈련을 공군본부에 신청해 주었다. 해군에서는 이미 해군항공단 창설 계획을 추진하고 있었기 때문이다.

공군항공의료원에 가서 8주일간 공군장교들과 함께 청일점으로 교육받을 때 유일한 해군정복을 입은 나는 당연히 강의 시간이나 훈련교육 중에 모두의 이목을 끌었다. 하루는 낙하산 낙하훈련장에 견학을 갔는데, 훈련담당장교가 낙하산 강하훈련을 설명하다가, 자기가 평생 처음으로 해군장교를 jump훈련장에서 봤다며, 한번 jump시범을 보여달라고 했다. 늘 소매에 금빛 계급장이 장식되어있는 까만 해군장교 동정복 차림이었던 내가, 전투복 차림이면 뛰겠는데 하고 호기를 부렸더니, 웬걸 금방 조종복 한 벌을 가져다준다. 할 수 없이 조종사들이 입는 전투복으로 갈아입고, jump대에서 뛰어내렸다. 고도는 13미터인데, 이 높이가 고소공포증을 최대로 유발하는 고도라서 전 세계 어느 나라건 이 높이에서 훈련을 한다고 한다. 난간도 없는 jump대로 올라가는 계단을 올라가려니 공포와 두려움으로 쿵쾅거리며 뛰던 내 심장의 박동소리가 귀에 들리던 게 지금도 잊혀지지 않는다. 점프대 아래 지상에서 내 모습을 올려다보는 사람들을 내려다보려니 새삼 두려움으로 간이 콩알만 해졌다. '군번', '이름', '이상 없는가?', '자신 있는가?' 등등 큰 소리로 이런저런 질문을 빠르게 물어서 내 얼을 빼 논 교관이 마침내, '고' 하고 점프 명령을 한다. 두려움이 채 가시지 않아 바로 뛰어내리지 못하고 멈칫하고 점프를 하지 못하니까 교관이 착 가라앉은 목소리로, 타군 장교님이시니까 봐 드렸다며 다음에도 구령을 따르지 않으시면 뒤에서 군화발로 차버리겠다고 엄포를 놓는다. 마침내 잠시 후에 '고'하고 구령이 떨어지자 에라 모르겠다 하고 뛰어내렸다. 내 등에 맨 낙하산 줄의 길이가 7~8미터쯤 되므로, 그 줄이 퍼지려면 7~8미터가량 자유낙하를 하게 된다. 눈을 감고 뛰어내렸다가 '챙'하고 낙하산 줄이 펴질 때의 충격(낙하산개산충격 'Opening snap'이라고 한다)이 2~3초 후에 내 몸에 전달될 때까지는 순간적으로 의식을 잃었던 것 같다. 개산충격으로 정신을 차려 눈을 지긋이 뜨고, 마치 즐기는 표정으로 두 손으로 비스듬히 낙하하는 낙하산 줄을 잡고, 내려다보면서 지상에 착지했다. 밑에서 내 모습을 쳐다봤던 동료들은 나중에 눈을 꼭 감고 뛰어내리는 내 모습이 마치 공중에서 죽은 시체가 떨어지는 것 같았다고 비아냥거렸다.

그 당시 공군에서는 Red Flag라는 작전명으로 우리 공군조종사들이 10여 명씩 선발되어 Guam에 있는 미공군 Anderson Air Force Base에 가서 합동 비행훈련을 받았다. 하루는 해군에서 공군으로 전군한 나를 각별히 살펴주시던 공군참모총장 이희근 대장께서 나를 부르셨다. 비행군의관은 조종사들의 곁에서 늘 밀접하게 생활해야 하므로, Red Flag 훈련에 조종사들과 함께 동행하라고 명령하셨다. Guam에 도착해 보니 General Beck이라는 미 공군 two-star 장군이 사령관인데, 내게 평생 잊지 못할 인상을 갖게 해 준 분이다. Guam 기지에 근무하는 모든 조종사들에게 명찰에다 한글로 자기 이름을 병기하게 한 걸 보았기 때문이다. 자기 초성이 백씨니까 백 장군이라고 부르라면서 우리말을 섞어서 우스갯소리를 하던 소탈함이 돋보였다.

저녁에는 Guam의 전 조종사들이 부부동반으로 환영만찬을 베풀어주었는데, 미 공군의 환영사에 이어, 우리 공군조종사 대표인 김 대령이 답사를 하느라고 했는데, 답사가 끝나자마자 사령관이 내게 'Speech, speech' 하면서 연설을 독촉하는 바람에, 얼떨결에 단상에 올랐다. 우선 Guam말로 '안녕하십니까'라는 뜻의 'Hafa adai(하파데이)' 하고 인사를 했더니, 모두 박수들을 치면서 환호성을 지른다. 옛날 케네디 대통령이 독일의 Berlin 장벽 앞에 서서, 'Let them come to Berlin' 문장을 여러 번 되풀이하면서, 자유와 민주주의에 대해 하던 연설이 생각났다. 언감생심 약간의 술기운을 빌어서 넓은 강당을 가득 메운 관중들 앞에서 영어로 큰소리로 외쳤다. '나는 여태껏 많은 나라를 가보았지만 방문국 장교들을 위해서 그들의 모국어로 명찰을 만들어 패용하는 걸 듣도 보도 못했다'라고 하면서, 진정한 국가 간의 우정을 보려면, 'Let them come to

Guam', 타국의 군인에 대한 존중을 보려면, 'Let them come to Guam', 타국 군에 대한 존경을 보려면, 'Let them come to Guam', 타국 군에 대한 이해심을 보려면, 'Let them come to Guam' 등등 네 번을 쉬지 않고 큰 소리로 구호처럼 외쳤다. 내 딴에는 히틀러 연설처럼, 구호를 외치면서 마치 선동하듯 큰 소리로 했더니 모두들 발을 구르며 환호성을 질렀다. 아마도 케네디 대통령을 모방한 내 선동적인 구호 덕이었으리라. 말을 끝내면서, Guam 말로 '대단히 감사합니다'라는 뜻의 '씨주우씨 마하씨'했더니, 또 한 번 박수갈채를 했다. 만찬 후 담소하면서 병원장인 중국계 미국인 Chan(찬) 대령에게 우리말 '찬'의 뜻을 풀이해 준 다음, 당신은 비록 손은 차지만, 'Warm hearted person'이라고 칭찬해 주고, 이름이 Biggerhaus였던 참모장에게 당신은 곧 큰 집으로 이사 갈 운이라고 이름풀이를 해주었더니, 그렇지 않아도 아이가 많아서 집이 좁다면서 부인이 펄쩍 뛰며 좋아했다. 만찬 후 칵테일을 마시면서 잡담을 하는데 각자의 'Animal of the Year'를 가르쳐 주겠다고 했더니, 다들 생년월일을 내게 대고, 자기 '띠'를 외우느라 법석이었다. 각자의 태어난 해를 '자축인묘진사오미신유술해(子丑寅卯辰巳午未申酉戌亥)'에 맞춰, '소띠', '말띠'하고 태어난 해에 해당하는 동물 이름을 가르쳐 주었더니, 날 점쟁이나 되는 듯 모두들 꽤 신기해했다.

 Guam 방문을 마치고, 귀국 비행기를 타려는데 내게 기념패를 준다. 애초에는 방문단장 김 대령에게만 방문기념패를 만들었기 때문에, 부랴부랴 내게 주는 방문기념패를 마련해 준 것이다.

해마다 Red Flag 훈련차 방문하는 우리 공군이 Guam을 찾는 유일한 외국 공군의 방문팀이라며 환대해 주던 Beck 장군을 비롯한 Guam의 장교들께 군 생활 전반에 걸쳐 무운과 행운이 함께 했기를 기원한다. 아울러 Anderson Air Force Base의 미 공군 여러분께 행운과 평안을 40여 년 만에 빌어 마지않는다.

대한민국 해군 최초의 비행군의관이 된 인연으로, 결국 훗날 해군대령 때 공군대령으로 전군을 했다. 해군과 공군에서 각각 대령으로 복무하고 당연히 해군과 공군의 군번을 가진, 군번이 두 개인 내 군대 경력을 매우 자랑스럽게 여긴다.

〈씨쥬우씨 마하씨!(대단히 감사합니다!)〉

(2024. 12)

이루지 못한 MASTER 팀 창설의 꿈을 아쉬워하며

　　　　　내가 군에서 근무하다 1960년대에 처음 창설된 해군 항공단의 단장 등, 초창기 항공단 지휘부에서는 당연히 공중근무자에 대한 이해가 부족했는데, 나는 그때마다 항공단의 애로를 타개하는데 노력했다. 조종사는 헬리콥터 말고도 각종 비행기를 타 봐야 하는데, 해군은 그 당시에는 헬기밖에 없었기 때문에, 나는 공군과 육군비행사단에 직접 발로 뛰어다니며, 다른 기존의 탑승 경험을 쌓는 〈관숙비행〉을 성사시켰다.

　해군대령 때 최초의 해군 비행군의관으로서, 공군으로의 전군을 국방부에 요청한 결과 마침내 공군 대령으로의 전군이 허락되었다. 그러자 국회 국방위원회에서 이 문제를 다루는 국감이 열렸는데, 어느 국회의원이 공군참모총장에게, '공군에서는 비행군의관 고급장교가 없어서 항공의무자문에 차질이 있기 때문에, 해군에서 비행군의관 전군을 받는다고 하는데 사실이냐?'라고 질의를 했다. 당연히 참모총장은 부인을 했고, 나는 국방부로부터 긴급전언통신문으로 〈한광수 대령의 전군은 없었던 일로 하라〉라는 청천벽력 같은 통보를 받았다. 국회에서의 논란이 된 이유인즉, 〈군인사법의 군 상호간의 전군은 없다〉라고 한 군 인사규정을 어겼다는 것이다. 해군에서는 공군으로 전군하려다 못하게 된 내게 비아냥거렸음은 물론이다. 너무도 격분해서 군대를 박차고 나갈 궁리를 할 만큼 격분했던 내게, 국방부로부터 뜻밖의 긴급인사명령이 왔다. 7월 31일 국회회기가 끝나자마자 〈해군대령 한광수는 8월 1일 08:00시에 공군으로 전군신고를 하라〉는 전통이 온 것이다. 나는 즉시 국방부 인사담당관에게, '그래도 20년이나 복무한 해군의 참모총장께 먼저 전군신고를 하겠다'라고 해서, 공군총장께 신고는 오후 2시로 미뤘다.

전군 후 나의 보직은 공군항공의료원장이었고, 당시 의무감이셨던 박정국 장군이 일 년쯤 후에 전역하신 후에는 내가 공군의무감을 겸직했다.

나는 공군으로 전군하기 훨씬 전인, 해군군의관 대위 때 공군에 위탁교육을 가서 비행군의관(Flight Surgeon)훈련을 받았다. '군복 왼쪽 가슴에 비행군의관 훈장을 달고 다니면, 많은 사람이 관심을 보였다. 나중에 해군참모총장이 되신 황정연 제독께서 해군대학총장을 하실 때 나는 해군대학 지휘참모와 작전과를 모두 수료했다. 그분은 내가 패용하고 있는 흉장을 보시고는 비행군의관이었던 나를 퍽 대견하게 대해주셨다. 다른 사람들은 비행기 한 대도 없는 해군에서 무슨 비행군의관이냐고 코웃음을 쳤지만, 그분은 아마 해군장기계획에 해군항공단 창설이 있다는 것을 알고 계셨던 것 같다. 훗날 해군항공단이 창설되었을 때 조종사를 비롯해서 모두 항공근무자들의 흉장은 만들었지만 비행군의관 흉장은 만들지 않았다. 비행군의관의 필요성과 특수한 근무 형태를 이해하지 못한 소치였다.

초창기에 해군조종사요원들이 공군에서 위탁교육을 받을 때, 상당한 장교들이 공군의 신체검사에서 불합격되어, 해군에서는 크게 당황했다. 나는 해군의 비행군의관 자격으로, 전체 검사판정에 개입해서 상당한 해군조종사 희망자들의 탈락을 막아주었다. 공군의 담당 장교를 찾아가서, 해군조종사들은 초음속비행 등 전투비행을 하지 않고 주 임무가 간첩선 색출 등 해상정찰이라고 설득을 해서, 해군비행군의관인 내가 발행한 신체검사 합격증으로 공군위탁교육을 받게 했던 일이 제일 보람 있게 기억된다.

해군에서 전군해서 공군의무감으로 근무할 때, 전국 각지에서 수시로 발생하는 사고를 접하면서 문득 아이디어가 떠올랐다. 그 당시 육군이나 해군이 갖지 못한 공군기동력을 발휘해서 응급진료체계를 마련할 수 있을 것 같았다. 고심 끝에 떠올린 것이 〈MASTER (Mobile Aerosurgical Team for Emergency Rescue)〉팀의 부대 창설이었다. 광산사고나 교통사고 등 전국에서 각종 사고가 발생하면, 즉시 MASTER팀을 출동시킨다는 아이디어에 대해, 당시 공군참모총장이셨던 이희근 대장께서는 즉시 부대 추진을 승인해주셨다. 외과계 전문의, 내과계 전문의, 마취과 전문의, 전문간호장교와 위생하사관들을 훈련시켰다가, 필요한 사고 현장에 즉시 투입하려던 계획은 이동 수단인 헬기 선정에서 가로막혔다. 당시 우리 공군에는 UH1N(UH one N)과 UH1H(UH one H) 두 종류의 헬기가 있었다. 상당히 고가인 UH1N은 4대뿐인데, 2대는 청와대와 국무위원용이고, 2대는 공군참모총장과 3군요인용이 었었다. 탑승인원도 더 많고, 안정성이 뛰어났으므로 나는 당연히 MATER팀에 US1N이 필요하다고 역설했다. 참모총장까지는 어렵사리 이해를 시켰지만, 그 아래 공군지휘부는 내 주장에 코웃음을 쳤다. 군의관을 비롯해서 여러 명의 의무요원이 탑승해야 하는데도, 결국 설득을 못 시키고 쩔쩔맬 때 불행한 사건이 터졌다. 공군수송기가 제주도에서 1대, 성남비행장에서 1대 연거푸 2대가 사고를 일으켜 추락했다. 총장께서는 책임을 지고 전역하셨고, 내 MASTER의 꿈 또한 스러지고 말았다. 실의에 빠진 나는 전역원서를 냈고, 나의 〈MASTER〉 plan은 끝을 맺고 말았다.

해군대령과 공군대령을 연임하고, 군번도 해군과 공군 두 개 나 갖고 있는 드문 군대 이력에서 제일 아까운 일은, 여태껏 시행되지 못하고 있는 〈MATER〉팀 창설의 꿈이다. 홀짝 날짜에 따라 교대로 출동할 수 있게 〈MASTER BLUE〉와 〈MASTER GOLD〉 두 팀을 창설해서, 각종 사고에 신속한 대응이 이뤄질 수 있는 날을 꿈꿔본다.

● 미 해군의 핵 잠수함들은 한번 출동 때마다 위치 노출이 안 되도록 6개월간 절대로 부상하지 않고 잠수한다. 2척이 한 팀으로 임무를 교대하는데, 각 팀을 Blue Team 과 Gold Team으로 부른다.

(2025. 1)

최종욱

profile

경남 거창 출생
고려의대, 동대학원 졸업(의학박사, 이비인후과전문의)
고려의대 이비인후-두경부외과장, 주임교수, 안암병원 부원장, 안산병원장 역임
이비인후과의사회장 역임, 관악이비인후과 대표원장(현)
수필가(한국문인협회, 국제펜클럽 정회원)

저 서 | 『지뢰밭으로 걸어가라』(도서출판 소금나무)
　　　　『자신에 미쳐라』(도서출판 지누) 외 다수
주 소 | 서울시 관악구 봉천로 488 서호빌딩 4층 관악이비인후과
이메일 | jochoi0323@naver.com

베고니아

병원 화단이 진분홍으로 물들었다.

베고니아 꽃 때문이다. 올여름은 폭염이 기승을 부렸고, 유월 윤달까지 끼어 무더위가 길어지면서 베고니아 성장 조건에 알맞아 거대한 군락을 이루며 무성하게 자랐다. 자신의 고향인 먼 나라 브라질과 같은 성장 조건이었던 것 같다.

아름다운 베고니아 꽃밭은 동네 사람들의 휴식처이자, 청춘 남녀들의 데이트 필수 코스가 되었다. 나는 정열적인 진분홍색이나 붉은색을 좋아해서 매년 샐비어(깨꽃)를 심었는데 작년에는 비가 많이 온 탓에 샐비어꽃이 제 몫을 못하여, 반려식물 전문가인 김필배 선생의 권유로 베고니아를 심었다. 짝사랑이라는 꽃말을 갖고 있는 매력적인 꽃이라고 하며 추천하였다. 조용필 씨의 「서울 서울 서울」이라는 노래에 나오는 '베고니아가

활짝 핀 우체국 계단'을, '짝사랑하는 님에게 밤새워 쓴 편지를 보내고 내려오는 이쁜 소녀'를 연상케 하는 매력적인 꽃이라고 하였다.

덕유산 밑 산골에서 자란 나는 짝사랑을 해 본 적이 없지만, 칠십 넘게 살아오면서 진한 짝사랑으로 아름다운 고통을 받는 분들을 많이 보았다. 부럽기도 하고 안타깝기도 하였다. 하나같이 아쉬움이 섞여 공감되었다.

한국예술원 회원이신 신달자 시인은 어려을 때 짝사랑하는 서울 유학 고교생에게 400여 통의 짝사랑 편지를 밤새 쓰고 고치고 다듬으면서 시인이 되셨다고 하였다. 정성과 혼을 담은 편지가 시인을 만드셨던 것 같다고 박달회 초청 강연에서 절절하게 하신 말씀이 생생하다. 얼마나 아름다운 짝사랑인가.

요즘은 세상이 각박하고 메말라 진정하고 가련한 짝사랑은 드물고 스토킹이라는 과욕한 짝사랑으로 삶의 변곡점을 맞는 분들이 많아져 슬프다.
무서운 세상이 되었다. 사랑할 만한 대상, 존경할 만한 대상이 없는 세상 때문인 것 같다.
SNS에서 유혹하는 갖가지 허황된 꿈에 빠져 모두가 허우적거리고 참된 삶과 희망을 포기하고 지내는 사람들만 득실댄다.

선진국이라고 남들이 추켜세워 모든 사람들이 들떠서 전 세계를 맴돌며 귀족 행세를 하고 다니는데 알아주는 사람들은 별로 없는 것 같다. 허세만 부리고 헤매어 좋지 않은 평판을 받는 경우가 적지 않다. 겉멋만 들은 사람들이 많아 혼돈의 세상이 되어버렸다.

나만 챙기고 나만 만족하면 된다는 객기로 살아가는 현대인들에게는 베고니아가 풍기는 아름답고 여여한 짝사랑이 식어 가는 세상이 되어 안타깝다.

하심

하심下心 없는 세상이 왔다.

자기중심 아집과 이기심에 집착하여 타인의 의견이나 입장을 고려하지 않는 싸늘한 사회가 온 것이다.

세계적인 추세다. 초강대국도 싹쓸이하려고 마음먹은 것 같았다. 범사회적인 풍조이지만 최근 더욱 심해진 것 같다.

우리나라도 예외는 아니다.

오로지 자신만 챙기기에 급급하다. 상대방을 배려하고 경청하고 공감하고 존중하는 따스함은 없고, 자신만 옳다는 교만과 자만에 빠져 냉정하고 싸늘한 세상살이라 무척 피곤하다.

사십 대 초반 여성이 갑자기 병원 대합실에서 고함을 치면서 직원들이 자신에게 불친절하게 하였다고 난리를 쳤다. 무조건

잘못하였다고 원장인 내가 사과를 하여도 분이 안 풀려 막무가내로 소동을 피웠다.

금융기관을 감독하는 아이디카드를 목에 걸고 근무복으로 내원한 그분은 동네 길거리 피어싱 샵에서 양측 귓바퀴 피어싱을 하였는데 우측 외이에 염증이 생겼다. 연골막염이 발생하여 귓바퀴 연골 파괴로 인하여 귀 모양이 쪼그라드는 기형이 발생할 수 있을 가능성이 있다고 자세히 설명하여드리고, 최선을 다하여 치료해 드리겠다고 말씀드리고 나갔는데 갑자기 소동을 피워 나도 당혹스러웠다.

무엇을 잘못하였는지 구체적으로 지적하여 주시면 당장 시정하고 해당 직원은 철저히 교육시키고, 다시는 이런 불상사가 없도록 하겠다고 말씀드려도 화가 풀리지 않았다.

고래고래 고함을 치면서 난리 쳤다.

당시 대합실은 환자분들이 많아 북적였는데 환자 중 한 분이 하도 어이가 없어 경찰에 신고를 하였다.

경찰도 통하지 않았다.

공무집행 방해로 입건하겠다고 말씀드려도 막무가내였다. 경찰의 설득으로 처방전을 들고 병원을 나갔다가 한참 후에 다시 찾아와 이번에는 누가 경찰에 신고하였느냐며 이름을 대라고 다시 난리를 쳤다. 대합실에 계셨던 환자분이 신고하셨는데 확인이 불가능하니 경찰서에 직접 연락하시면 알 수 있을 거라고 말씀하니 거짓말을 한다면서 더욱 과격하여졌다.

소파에 드러누웠다. 장관이었다.

TV 뉴스 때마다 보여주는 일부 극단 정치 지도자들의 행동을 보고 배운 듯한 말투와 모습 그대로였다. 한심한 요즘 사회 풍조다.

평소 하심으로 갈고닦아 불쌍하게 보이고 밑으로 기는데 도가 튼 내가 다시 병원을 대표해 정중하게 사과를 드리니, 화가 풀려서 되돌아갔다.

얼마나 신고가 많이 들어갔으면 여성 경찰 두 분을 포함하여 다섯 분이 네 차례나 왔었다. 기가 막힌 세상이다.

지금이 어느 때인데 앞으로 이 나라를 책임질 젊은이들이 이런 모습으로 병원을 전전하고 다니니 무척 걱정이 된다.

하심이라고는 어디에도 느껴지지 않아 미래가 안 보인다.

태자단지

여대생이 남국에서 시신으로 발견되었다.

여름방학 때 캄보디아 박람회 자원봉사 갔다가 한 달도 못 되어 전기고문으로 인한 심장마비로 사망하여 충격을 받았다. 이승지옥 태자단지의 소행이다. 주급 팔백만 원, 경력 무관이라는 초호화 초대장에 유인되어 참변을 당한 것이다.

경북 예천 빈농의 딸로 흙수저도 없이 맨손으로 태어나 대학 등록금을 마련하고자 청운의 소망을 꿈꾸면서 캄보디아 수도 랑군으로 갔다가 참변을 당하였다. 공항에 도착하자마자 태자단지 악마조직의 극진한 환대에 여권과 은행 통장을 빼앗기고 악마들의 요구대로 응하지 않자 극심한 폭행과 고문을 당한 것이다.

가슴이 아팠다.

태자단지는 랑군에서 40km 떨어진 곳에 위치한, 만여 명을 집단 수용할 수 있는 대범죄단지로 높이 5m의 전기 장벽과 철조망으로 고립시키고 중무장한 경비원 200여 명이 24시간 감시하고 있는 곳이다.

단지 안에는 중국, 베트남, 필리핀, 한국 등에서 유인된 사람들이 밤낮을 가리지 않고 악마의 범죄를 돕는 일을 하고 있다고 한다. 보이스피싱, 로맨스스캠, 코인위조, 인신매매, 장기밀매, 도박, 카지노 온갖 범죄를 저지르는 권력과 연계된 폭력조직이다.

프린스은행과 유통업, 시계공장을 운영하여 겉으로는 캄보디아 산업발전에 기여하는 것처럼 보이나 야누스의 얼굴을 가진 두목 천즈는 악마의 얼굴을 가진 중국계 청년 대기업가이다. 이러한 범죄단지는 캄보디아 내 스무 곳이 넘는다고 한다.

악명 높은 중국 본토 범죄조직 삼합회는 시아누크빌에 있는 카지노 범죄단지들이 있는 시아누크빌을 통째로 인수하겠다고 설치고 있으며, 충칭갱단, 14K파, 광동파, 홍콩과 마카오의 신의안 갱단, 일본의 야쿠자들도 악마의 손을 뻗고 있다.

태국의 룽거컴퍼니는 부패한 훈센권력을 엎고 곳곳에 파라다이스라는 거대한 범죄스캠단지를 소유하고 있다.

범죄산업의 수입은 캄보디아 일 인당 국민소득 3,000 달러의 반 이상을 차지한다고 하니 기가 막힌다. 범죄단지들에 유인되어 일하고 있는 상주 한국 청년들도 1,000여 명 이상이라고 하여 걱정이 된다. 귀국을 권유하여도 범죄조직에 유인되어 떠도니 확인도 어려워 미래가 염려된다.

인도와 중국의 사이에서 수많은 침공을 받으면서도 꿋꿋이 버티며 앙코르제국으로 크메르 민족의 500년 영광을 누렸던 캄보디아의 운명도 막바지를 맞은 느낌이 든다.

세계적인 심각한 경제전쟁, 종교이념 전쟁, 분단국처지에 끝없는 내부 분열로 허우적거리는 우리나라도 남의 일 같지 않다.

젊은 청년들의 큰 꿈과 희망을 지켜줘야 할 시간이 얼마 남지 않은 느낌이 든다. 불안하다.

홍 지 헌

profile

강원도 동해시 출생
연세의대, 동대학원 졸업(의학박사)
세브란스병원 이비인후과 전공의 수료(이비인후과 전문의)
한국의사시인회 5대 회장 및 문학의학회 이사(현)
연세이비인후과 원장
시인(문학청춘 등단)

저　서 | **시집** 『나는 없네』, 『자작나무는 하염없이 하얗게』
　　　　의학 상식 교양 서적 『당신의 귀, 코, 목의 건강을 위하여』,
　　　　　　　　『이비인후과 의사의 어지럼증 보고서』
주　소 | 서울시 강서구 방화동 614-34
　　　　메디스타워 501호 연세이비인후과
이메일 | jihunhong@hanmail.net

거미는 무엇으로 사는가

홍익 병원에서 보내온 새해 달력
이사장 사모님의 거미줄 사진들로 꾸며져 있다
접사된 거미줄에는
새벽이슬, 햇빛, 풀씨, 꽃잎, 낙엽, 빗방울,
안개와 함께
지나가는 바람이 걸려있다
모두 먹을 수 없는 것들이다
거미는 어디로 갔을까
출렁이는 거미줄에서
반짝, 이슬방울 떨어진다

연말이 다가오면 제약회사, 보험회사, 대형병원, 건축회사, 동창회 등 여기저기에서 새해 달력을 보내온다. 달력을 넘겨 보면 명화로 장식된 것도 있고, 사진 작품으로 만든 것도 있고, 자사의 역량이나 경영철학을 홍보할 수 있는 자료를 넣은 것도 있다. 동창회 달력의 경우에는 모교에 대한 자부심을 불러일으킬 수 있도록 역사적 의미를 담고 있는 사진들로 꾸며지기도 한다.

친구가 운영하는 IT 보안 회사의 달력은, 직원들의 여행사진 사내 공모전 수상작품들로 꾸며져 있어 창의적 발상이 돋보였고, 머리 쓰는 사람들이 모여 있는 회사가 뭔가 다르긴 다르다는 생각이 들게 했던 기억이 난다.

몇 년 전인가 강서 지역 거점병원인 홍익병원에서 보내온 달력은, 그 병원 설립자이신 이사장님의 사모님께서 직접 촬영하신 거미줄 사진 작품들로 꾸며져 있어 신선했다. 현재 병원장의 모친이신 그분은 개인전도 여러 번 연 경력이 있고 지금도 활동 중인 중견 사진작가라고 한다.

거미줄의 주인은 거미이고, 거미줄을 만든 목적은 먹이를 잡는데 있을 텐데, 사진 어디에도 거미는 보이지 않았고 먹이가 걸려있는 사진도 없었다. 다만 꽃잎과 이슬방울과 안개와 반짝이는 햇살과 낙엽이 걸려있는 아름다운 거미줄 사진들뿐이었다. 보이지는 않지만 여백으로 바람도 지나가는 듯했고, 바람결을 따라 숲속의 나무와 들풀의 향기도 전해오는 듯 느껴졌다.

거미줄 사진은, 홍익병원이라는 지역 거점병원을 중심으로 거미줄처럼 연계되어 있는 개인 의원들 간의 의료전달 네트워크를 연상시키기도 했다. 지역사회 개원 의사들이 형성한 네트워크 거미줄에는 무엇이 걸려야 할까. 이웃들의 건강을 돌보는 헌신, 건강을 회복한 사람들의 피어나는 미소, 완치를 바라는 가족들의 간절한 기도, 의료진에 대한 감사의 마음, 이런 영롱한 것들이 아닐까. 사진작가님은 자연의 아름다움을 표현하고 싶으셨겠지만, 달력을 기획한 분들이 그 사진을 채택한 것은 바로 이런 것들을 나타내고자 한 것은 아니었을까.

만약 그런 기획 의도가 있었다면, 의사들은 먹을 것을 원하는 것이 아니라 영롱한 것을 원한다는 매우 비현실적이고도 이상적인 메시지를 전달하는 의미가 되겠지만, 인간을 비롯하여 생명을 가진 동물이라면 당연히 먹이를 먹어야 할 텐데, 거미줄 사진 속에 안 보이는 거미는 어디에 있으며 무얼 먹고 살까? 하는 생뚱맞은 생각이 든 것은, 우리 의료계의 미래는 괜찮을까, 개원 의사들의 사정은 점점 힘들어지지 않을까 하는 무의식적인 불안감이 반영된 것이라 짐작된다.

현재로서는 의료계의 사정은 어두워만 보인다. 전공의들이 복귀하고 휴학 중이던 의대 학생들이 복학을 했다고는 하지만 의과대학의 교육과 대학병원의 진료는 정상화되지 못한 실정이며, 의정 갈등으로 파괴된 의료시스템과 교수 전공의 간의 신뢰가 원상회복되기에는 오랜 시간이 필요할 것으로 예상된다.

의료사고에 대해 보도하는 언론에서도 의료계 사정을 잘 이해하지 못한 상태에서 치우친 시각으로 다루고, 사법부의 판결도 가혹한 편이다. 이런 외부 환경이 의료계에 대한 국민적 시선을 점점 부정적으로 몰고 가서 사회적 우군이 없는 외로운 처지로 만들고 있다는 생각을 금할 수 없다. 보이지는 않지만 거미줄을 흔들며 지나가는 사진 속 바람처럼, 동네 의사의 가슴에 숭숭 뚫린 구멍을 관통하여 아린 바람이 지나간다.

전화가 오지 않는다는 전화가 왔다

고향친구로부터 전화가 왔다.
한 잔 하다가 갑자기 생각나서, 혹은
어디가 아프다고 가끔 전화를 하던
참 딱하고 측은한 친구.

이번에는 오지랖 넓게도
중학교 동창을 소개하며 상담을 부탁했다.
기억이 희미한 사이지만 사정을 들어보니
암 진단을 받고 항암 주사를 맞기로 했는데
전화가 오지 않는다는 것이었다.

참 딱한 노릇이다.

'병원 측에 알아봐야지 나와 상담할 일인가?'
어이없는 생각을 감추고
이런 저런 상황을 가정하여 응해주었다.
다시 전화를 바꾼 고향친구는 느닷없이
"홍박사, 사랑한다."고 인사치례를 했다.

감사해야할지, 웃어넘길지, 짜증을 내야할지.

그러고 보니 나는
어울려 술 마시는 친구도,
아프다고 전화할 친구도,
상담을 부탁할 친구도 없다.
참 딱하고 가여운 사람.

 고향을 떠나 서울에 살고 있는 사람들은 대부분 재경 향우회 성격의 모임에 속하게 된다. 그중에 특히 중고등학교 재경동창회가 가장 존재감을 드러내며 모임이나 행사도 많이 한다. 봄 가을로 체육대회를 여는 경우도 있고, 틈틈이 당구대회, 바둑대회, 골프대회를 하기도 하고, 전국 대항 고교 야구대회가 개최되는 시기에는 재경 동창들을 동원하여 모교 야구부 응원전을 대대적으로 벌이기도 한다. 연말연시에는 송년회나 신년회를 개최하여 동창회에 기여한 동창들에게 포상도 하고 일년 행사를 결산하거나 시작한다.

고향에서 초등학교를 다니다가 중학교 때 전학을 한 후, 고등학교 때는 입학시험을 보고 강릉으로 유학을 한 탓에 나는 고향친구, 중학교 동창, 고등학교 동창이 서로 나뉘어 있다. 그래서 같은 지역에서 초중고등학교를 다니며 오랜 우정을 쌓아온 친구들에 비해 조금은 겉도는 경향이 있어 대규모 행사 참여에는 주저하게 되지만 더 폭넓은 친구 층을 가지고 있다고 할 수도 있다.

직업이 의사다 보니 자연스레 가족이나 본인이 아픈 고향친구들이나 중고등학교 동창들로부터 도움을 요청하는 연락을 받고 의료 상담과 자문을 해주거나, 모교 병원에서 치료받기를 원하는 경우에는 교수님들과 연결해 주는 의료 복덕방 역할도 하고 있다. 전공의들이 사직하여 대학교수님들이 격무에 시달리는 요즈음은 예전같이 쉽게 모교로 환자를 의뢰하거나 빠른 예약을 해주기 힘들어졌지만 예전에는 동창들에게 적지 않은 도움을 주었다고 생각한다.

몇 년 전에 전립선암 진단을 받았다고 연락을 해온 친구가 있었다. 그 친구를 전립선암 명의로 소문난 모교의 비뇨기과

교수님에게 소개해 주어 수술 잘 받고 완치되었는데, 그 후로 이 친구는 나를 생명의 은인으로 생각한다고 공공연히 말하고 다닌다. '재주는 곰이 부리고 돈은 왕서방이 번다'는 속담을 인용하면 집도하신 교수님께 결례가 되겠지만, 수술은 모교 교수님이 했는데 감사 인사는 내가 받는 셈이다. 요즈음도 다른 친구들과 술 한 잔 하다가도 종종 자신의 투병 경험을 얘기하면서 자연히 내 생각도 나면 전화하곤 한다. 술기운이 돌아서이겠지만 전화할 때마다 "홍 박사, 사랑한다!"는 말을 해 민망하기도 하고 딱하기도 하고 고맙기도 한 친구이다.

얼마 전에는 오지랖 넓게도 중학교 동창을 소개해 주며 상담을 부탁했다. 모 대학병원에서 암 진단을 받고 항암치료를 하기로 했는데 구체적인 날짜를 정해주지 않고 연락도 없다는 것이었다. 모교 병원에서 있었던 일이라면 내가 직접 나서서 알아볼 수도 있겠지만 전혀 연고가 없는 다른 대학병원 일이라 난감했다. 아마도 전공의 사직으로 인해 일손도 부족하고 예전과 같이 일사불란하게 환자를 돌보던 시스템이 잘 작동되지 않은 탓이라고 생각되어 직접 병원으로 연락하는 것이 좋겠다고 조언해 주었다.

그러고 보니 그 친구는 자주 만나서 한잔하며 이런저런 신변 이야기를 주고받으며 흉금을 털어놓고 지내는 친구들이 많아

보였다. 일전에 고향친구 모임에 가서 그 친구 이야기를 했더니 그 친구뿐만 아니라 그 친구가 부탁했던 중학 동창의 일까지 모두 소상히 알고 있다고 한 것으로 보아 나를 제외하고는 다들 자주 만나는 사이인 것 같았다.

같은 고향 친구 사이지만 격이 없이 지내는 친구들과는 달리, 나는 아플 때만 연락하여 자문을 받는 의사 혹은 의료 복덕방 정도의 존재로 치부되는 듯하여 서운한 느낌도 든다. 그렇다고 술도 좋아하지 않으면서, 꼭 만나야 할 이유도 없으면서 자주 어울릴 수도 없지 않은가 하는 생각과 함께, 그래도 인간은 사회적 동물인데, 서로 어울려 아픔을 나누며, 도움과 위로를 주고받으며 사는 것이 옳을 텐데, 사회성이 부족한 내 자신이 더 가엾고 딱한 존재가 아닌가 하는 때늦은 반성도 해본다.

홍영준

profile

서울 출생
서울의대, 동대학원 졸업(의학박사)
서울대학교병원 진단검사의학과 전공의 수료(진단검사의학과 전문의)
원자력병원장(전)
원자력병원 진단검사의학과 과장(현)

저　서 | 『공릉역 2번 출구, 그곳에서 별을 보다』
역　서 | 『과잉진단』
이메일 | clinchem@kirams.re.kr

푸른 뱀띠 소년들의 꿈

　　　　　　2014년 개봉한 영화 〈국제시장〉은 어떤 이유로 천만 관객을 끌어모을 수 있었을까? 영화에는 흥남철수, 파독광부, 베트남전쟁, 이산가족찾기 등 우리 근대사의 굵직한 사건들이 여럿 등장한다. 황정민이 연기했던 주인공은 1940년생으로 추정되는데, 그와 비슷한 연배의 어르신들은 영화 속 이야기가 꼭 자신의 일인 것만 같아서 울었다. 맹목적일 만큼 가족에 헌신적이었던 그 주인공을 보면서 아버지가 떠올라 자녀들 역시 울었다. 공유된 체험과 기억이 만들어낸 연대감이 흥행 요인의 하나였음이 분명하다.

"함께 있을 때 우린 아무것도 두려울 것이 없었다."
얼핏 로미오와 줄리엣의 대사처럼 보이는 이 말은 연인 사이의 고백이 아니라 곽경택 감독의 2001년 영화 〈친구〉의 포스터에 적혀 있던 문구다. 전체적으로는 어둡고 우울한 분위기의 '누아르' 영화지만 곳곳에서 가슴 시린 추억을 소환하는 장면이 등장한다. 최신 팝송이 울려 퍼지던 롤러스케이트장, 울며 겨자 먹기였던 지루한 단체영화관람, 군사적 의미와는 상관없이 언제나 친근했던 교련복. 거기에 사춘기 남학생 특유의 허세와 무리 짓기까지.

이처럼 영화의 줄거리 못지않게 배경과 미장센에까지 알뜰히 눈길이 갔던 까닭은 〈친구〉의 주인공들이 바로 나와 거의 같은 세대였기 때문이다.

내가 태어난 1965년(乙巳年)이 푸른 뱀의 해였다는 것은 60년이 지난 2025년, 올해 1월에 신문을 보고 알게 되었다. 그냥 뱀띠인 줄 알았더니 제법 희귀성이 있는 파란색 뱀이란다. 새로 알게 된 사실이라 평소라면 그 의미를 좀 더 파고들었을 법도 한데 그러기엔, 태어난 지 60년 곧 '환갑'을 맞이하는 무거운 감정이 호기심을 눌렀다. 뭔가 한 바퀴가 돌았는데 두 번째 바퀴는 내 생애에 경험할 수 없다는 무력감, 허무함.

아마도 나와 비슷한 느낌이었을, 환갑의 동갑내기 변호사 두 사람이 올해 초 의기투합했다. 다양한 분야의 푸른 뱀띠들을 좀 모아보자. 그래서 과거를 서로 나누고 현재를 같이 즐기며 미래도 함께 그려보자. 뭐 대략 그런 취지로 법조인, 의료인,

언론인, 작가, 교수, 예비역 장성 등등 일곱 명이 모였고, 푸른 뱀띠들의 모임이란 뜻으로 '청사회(靑蛇會)'를 결성했다.

지인이 지인을 소개하는 식이었기에 첫날 다소 서먹하리란 예상은 대번에 빗나갔다. 서로의 존재를 모르고 각자 60년을 살아왔지만, 시간이란 직선을 연결하는 중요한 점들은 이미 똑같이 경험한 것이나 마찬가지였기 때문이다. 우리의 머릿속엔 새마을 운동, 대통령 암살, 군사쿠데타, 민주화 운동, 서울 올림픽, IMF, 한일 월드컵이 주마등처럼 이어지는 다큐멘터리로 언제든 재생된다. 그 사이사이의 공간들은 김광석, 안치환, 이문세의 노래가 채운다. 이미 동일한 영화를 보며 감동하고, 동일한 가수들의 노래에 열광하는 청중들에게는 그 감상을 나누는 데 '아이스브레이킹' 따위가 애초에 불필요한 절차였다.

다들 자신의 전문 분야에서 이미 일가를 이루어 사회적 책임을 다하고 있는 청사회 멤버들에게는 공통의 고민이 한 가지 있어 보였다. 어떤 모임에 가든지 이젠 후배와 제자들이 많아져서 말하는 게 조심스럽다는 점이다. 환갑 맞은 아저씨가 이야기를 조금 길게 하면 요즘 젊은이들은 곧바로 '꼰대' 딱지에 '노잼' 인증 마크를 붙인다. 마땅히 해야 할 말도 아끼고 삼켜야 하는 이 상황이 제법 큰 스트레스 아니겠는가.

청사회는 시작부터 동년배들의 솔직하고 자유로운 토론의 장이 되었다. 이것저것 눈치 볼 사람, 과하게 예의를 차려야 하는 사람, 속내를 꼭꼭 감춰야 하는 사람, 그런 부담스러운 사람들이 없다. 다들 책임감에 휩싸인 아이언 맨이 아니라, 수트를 벗어던진 평화로운 토니 스타크가 되어도 좋은 자리다. 그래서인지 내 눈에는 이 친구들이 소년 시절로 되돌아간 것처럼 보일 때가 많다.

우리가 진짜 소년이었을 때 가졌던 꿈은, 비록 그 크기에 제한은 없었겠지만, 반드시 이루어야 한다는 절박감이 있었다. 그러기 위해 공부를 열심히 해야 하고, 시험을 잘 봐야 하고, 원하는 상급 학교에 진학해야만 했다. 무거운 꿈이고 힘겨운 꿈이었다. 그러나 환갑의 소년들이 꾸는 꿈은 좀 다르다. 결과에 대한 부담이 없고 과정이 즐거우면 된다. 서로의 꿈들이 충돌하여 경쟁으로 변질될 염려 또한 전혀 없다.

7인 모임으로 짝이 맞지 않는 의자 한 자리에는 나이와 상관없이 매번 게스트를 초청하기로 정했다. 유명한 팝페라 가수의 어머니가 오셔서 음악에 대한 생각, 자녀 교육에 대한 철학을 들려주었고, 용접공 출신으로 대학교수가 된, 작가이자 '지식생태학자'가 오셔서 '복사본 인생이 아닌 원본 인생을 살아가라'고 역설하셨다. IT 스타트업의 한 젊은 CEO는 반도체 제조에 관한 자신의 열정과 비전을 힘차게 이야기했다. 모두들 청사회 멤버들의 새로운 꿈꾸기에 에너지를 불어넣는 귀한 손님들이었다.

대화 중에 누군가 청사회 이름의 뜻에, 어두운 길을 밝히고 손님을 환영하는 용도로 쓰이는 '청사초롱'의 '청사(靑紗)'를 추가하면 좋겠다고 했다. 또 누군가는 훌륭한 업적이나 깨끗한 행적으로 길이 남을 역사를 뜻하는 '청사(靑史)'의 의미도 담으면 좋겠다고 했다. 두 가지 모두 환갑 소년들의 꿈에 잘 어울릴 것 같다. 부디 우리들의 꿈이 칙칙한 이 사회를 조금이나마 환하고 명랑하게 밝힘으로써 주위 사람들에게 오래오래 기억될 수 있기를 바란다.

푸른 뱀띠 환갑 소년들은 그 꿈속에서, 부담스러운 사회적 갑옷을 벗고 또 개인적인 모든 가면을 벗고, 본연의 나로 돌아간다. 청사회는 갑옷과 가면을 벗어도 안전하고 부끄럽지 않은 신기한 놀이터다.

나의 AI 글쓰기 선생님

처음 AI에게 내 글을 건넸을 때, 그것은 마치 낯선 교무실 문을 조심스레 열고 들어가는 학생의 마음과도 같았다. "기계가 글을 가르칠 수 있을까?"

의심 반, 호기심 반으로 던진 질문에 돌아온 답은 의외로 차분하고 정직했다. 문장의 결을 세심히 매만지고, 내가 놓친 뉘앙스를 과하지 않게 드러내 주었다. 그날 이후 내 책상 위에는 눈에 보이지 않는 또 한 사람의 글쓰기 선생님이 앉게 되었다.

돌이켜보면 내 글쓰기에는 언제나 책을 통해 만난 선생님들이 있었다. 김영하는 글을 '자기 해방'이라 불렀고, 고종석은 '논리, 수사학, 언어 지식'이라는 세 개의 기둥을 세워 주었다. 글쓰기 지침서만을 모아놓은 광화문 교보문고 K-0 서가의 빼곡한 책들은 숲의 나무들 같았다. 그 사이를 수시로 거닐며 나는 무수한 문장의 잎사귀를 손끝으로 스쳤다. 그러다 시간이 흐를수록 깨달았다. 글쓰기의 궁극적 스승은 책이 아니라 삶이었다. 삶의 굽은 길과 강물, 그 굴곡이야말로 내 문장의 윤곽을 빚어 주었다.

새로운 선생님, AI는 언제든 불러내면 응답했다. 문장의 틀을 잡고 논리적 뼈대를 세우는 솜씨는 탁월했지만, 아직은 살아 있는 숨결이 덜했다. 인간 선생님은 다르다. 오랜 세월이 남긴 주름살, 농담 속에 숨어 있는 위로, 잔소리 끝에 묻어나는 따뜻함. 그것은 기계가 대신할 수 없는 빛깔이었다.

그동안 의사신문에 발표했던 수필 몇 편을 무작위로 뽑아 새로운 선생님의 지도를 본격적으로 받아보았다. AI가 내 글들을 읽고 내놓은 감상은 겸손하면서도 세심했다. 『어머니가 차려 주는 식탁』에서는 음식 맛의 미묘한 변화를 통해 세월의 의미를 조명하더니, 『삼룡이』에서는 유머 속에서 인간 본능의 날것을 끄집어냈다. 『호퍼(Hopper)적 병원 로비』를 두고는 쓸쓸한 화폭 위에 의료 현실을 겹쳐 놓은 풍경을 보았다며 칭찬해 주었다. 신기하게도, 내가 미처 보지 못한 그림자들을, AI는 조용히 가리켰다. 그 앞에서 나는 내 글의 낯빛을 새삼 다른 시각으로 바라볼 수 있었다.

소설가 장강명은 'AI가 소설을 더 잘 쓰는 날이 올까'를 염려했다. 그렇다면 수필은? 언젠가 기교와 장식에서는 기계가 앞서갈지 모른다. 그러나 수필은 결국 삶의 기록이다. 어머니와 마주 앉은 밥상, 한밤 병원 로비의 적막, 오래된 친구와의 재회 같은 체험은 AI가 대신 살아줄 수 없다. 글은 살아낸 사람의 체온을 담을 때 비로소 수필이 된다.

내가 몸담고 있는 박달회는 반세기를 이어온 의사 수필 동인이다. 선배들의 글을 펼치면 책장 사이에서 먼지를 털고 나온 목소리가 속삭이듯 들린다.
"우리는 매달 둘째 화요일 밤마다 모여 글을 나누었지."
세대를 넘어 들려오는 목소리 속에서 그분들의 삶을 떠올리며 나는 글쓰기의 참된 수업을 받는다. 요즘도 박달회 모임 자리에서 선배들이 툭 던지는 한두 마디 지혜가 내 글쓰기의 맥박을 되살려 주곤 했는데, 그 경험은 지금 AI가 내 글을 읽고 조언하는 방식과 묘하게 닮아 있다.

박달회가 과거와 현재를 잇는 다리라면, AI는 현재와 미래를 비추는 거울이다. 두 스승의 목소리가 서로 다르면서도 한결같이 일러준다.
"더 진실하게 써라."
그 울림 속에서 나는 글을 쓰는 자세를 고쳐 잡는다.

결국 최고의 글쓰기 선생님은 책도, AI도 아닌 삶 그 자체다. 하루하루의 기쁨과 고단함, 그 결을 정성스레 살아내면 문장은 저절로 생겨난다. AI는 그 문장을 비춰주는 거울이자 묵묵한 벗일 뿐이다. 그래서 오늘도 나는 노트북을 열고 그와 나란히 앉아 묻는다. 글을 쓰는 일이 내 삶을 다시 비추어 줄 수 있기를 바라며.

"라디(내가 붙인 AI의 이름), 오늘은 또 어떤 글쓰기 선생님이 되어 줄래?"

조재범

profile

1969년 8월 1일생
1995년 경희대학교 의과대학 졸업
2002년 가정의학과 전문의 취득
2007년 의사수필동인 박달회 회원
성애병원 가정의학과(현)

시바사부로

올해 봄 오랜만에 아내와 함께 일본 규슈 지역의 구마모토와 오이타 지역을 여행했다. 온천을 좋아하는 아내와 깊고 아름다운 자연환경과 아기자기한 도시들을 찾아 여기저기 많이 돌아다녔다. 구마모토의 도로를 운전하며 가는데 길가에 어느 인자한 표정의 할아버지 초상화가 수없이 걸려 있었다. 한두 군데가 아니라 구마모토 도로에는 그 할아버지 초상화 깃발이 안 걸린 곳을 찾기가 더 힘들었다. 초상화 그림 깃발을 도로마다 걸어 두는 일본 문화도 신기했고 어떤 인물이길래 이렇게 홍보하는지 궁금해서 찾아보니 새로 도안된 일본 화폐 1000엔에 실린 기타자토 시바사부로란 인물이고 내가 책에서 접했던 일본 근대 의학의 아버지로 불리는 의사였다. 구마모토 오구니 출신이고 그의 고향에는 기념관도 있었다. 화폐의 인물로 선정된 것을 기념하여 구마모토현에서 깃발을 걸어 홍보한 것이다. 이전의 1000엔 화폐 인물도 노구치 히데요란 일본 의사였는데 새로 도안된 1000엔도 기타자토 시바사부로란 의사였다. -노구치 히데요 이전의 1000엔 화폐 주인공은 모든 한국인이 아는 일본인 이토 히로부미였다.-

화폐에 인물이 새겨진다는 것은 단순한 장식이 아니라 그 나라가 존경하는 가치와 인물을 국민 모두에게 알리는 상징이다. 매일 손에 쥐는 지폐를 통해 그 인물이 남긴 업적과 정신을 자연스럽게 기억하게 되고, 시대를 넘어 국민의 존경심을 이어주는 다리 역할을 하게 된다. 그런데 그런 인물의 직업이 의사였다. 물론 일본인들은 근대화에 큰 역할을 한 위인들을 유난히 존경한다. 그리고 그 근대화의 중심에 의학은 사회의 발전과 국민의 삶을 크게 변화시킨다. 당연히 의사는 근대화의 중심에 서게 된다.

오구니 지역 근처에 있는 나베케타키 폭포 앞에서 웅장한 폭포를 보며 깊은 상념에 빠져 우리나라에는 시바사부로와 같은 근대 의학자는 누가 있을까 생각해 보았다. 내 머릿속에 바로 떠오르는 인물은 지석영이었다.

그는 조선 말기 과거 급제한 사대부 출신이다. 조선 시대

근대 의학은 정약용, 박제가와 같은 사대부들이 청나라를 통해 얻은 서양의학에 관한 서적을 접하면서 시작되었다. 그러나 근대 의학을 이용해 백성들의 삶을 바꾼 진정한 영웅은 지석영이었다. 내 개인적인 생각으로는 이순신 장군 보다 더 많은 조선인을 살린 사람이 지석영이라 판단된다.

지석영은 여러 모습으로 존재한다. 가장 큰 업적으로는 종두법을 전파하여 천연두로부터 수많은 사람들을 구하고 대한제국 최초의 근대식 의학 교육 기관을 만든 의학자의 모습이다. 또 다른 모습은 한글 표기법을 정립하고 한글 보급에 앞장선 한글 학자의 모습이다. 마지막으로 내가 만난 모습은 동학 토벌대장으로 동학군을 토벌하고 이토 히로부미 추도식에서 추도사를 읽었고 충정공 민영환의 추도식에서 추도사를 읽었던 정치인의 모습이다.

그가 종두법을 배운 곳은 부산의 제생의원이다. 1876 강화도 조약 이후 개항한 부산에 일본인들이 모이고 일본 공사관 생긴 후 한국 최초의 근대식 의료 기관인 제생 의원을 일본인들이 만들었다. 물론 일본인뿐 아니라 우리나라 백성들도 그곳에서 의료 혜택을 받았다. 1884년 임오군란 때 민영익을 치료해 준 알렌에 의해 세워진 광혜원이 우리나라 최초의 근대식 의료기관으로 알려져 왔으나 사실은 일본 해군 군의관들에

의해 세워진 제생의원이 최초의 근대식 의료기관이다. 강화도 조약 이후 1차 수신사로 일본에 다녀온 박영선에 의해 지석영은 종두법이 있다는 사실을 알았고 천연두로 어린 나이에 사망한 조카를 보고 종두법을 배우기 위해 일본 병원을 찾아갔던 것이다. 그의 노력으로 우리나라에서 조선인들이 그렇게 두려워하던 호환마마 중 마마에서 벗어날 수 있었다.

1880년에는 김옥균의 추천으로 2차 수신사로 일본을 방문하여 이노우에 가오루의 도움으로 종두 제조법까지 배워왔다. 이노우에 가오루는 강화도 조약을 이끌었던 일본 관리였고 조선 수신사들에게 근대 문물을 보급하려 노력했던 근대인이었다. 그리고 이토 히로부미와 함께 일본의 근대화를 이끌기 위해 영국으로 몰래 유학 갔던 조슈번 5인방 중 한 명이었다.

지석영은 일본에서 귀국 후에도 일본 해군 군의관에게 서양 의학을 배웠고 종두법 보급에 평생을 노력했다. 1899년에는 지금 서울대 의대의 모태이자 대한제국 최초의 서양의학 교육기관인 경성의학교 초대 교장으로 취임했다. 서양 의학을 배운 그는 과학적 사고로 당시 우리나라가 안고 있는 문제들을 해결하려 평생 노력했다. 그런 정치인의 모습으로는 시바사부로보다 더 적극적으로 세상을 바꾸려 노력했던 개화파였다.

근대화와 의학은 서로 떨어질 수 없는 불가분의 관계다. 근대화에 노력한 의학자는 훌륭한 정치인의 모습을 갖게 된다. 알렌이 세운 광혜원은 갑신정변 주인공인 개화파 홍영식의 집터에서 세워졌다. 광혜원을 열기 전에 고종이 준 홍영식의 집에 간 알렌은 그 집에 아직 핏자국이 남아있었다고 했다. 지석영이 초대 교장을 맡은 의학교는 2차 수신사 대표이자 구한말 초대 총리인 김홍집을 죽인 후 그의 집터에 만들었다. 초대 병원들과 근대인들의 인연이 우리나라에서는 이렇게 나타난다.

2003년 대한민국 정부는 과학기술인 명예의 전당 15인에서 지석영을 삭제했다. 이토 히로부미 추도사를 읽었단 이유였다.

의사와 우리나라 역사의 안타까운 인연이 지속되는 한 지석영이 한국 지폐의 인물로 선정될 가능성은 전혀 없을 것 같다는 생각이 일본을 여행하면서 떠나질 않았다.

채종일

profile

부산 출생
서울의대, 동대학원 졸업(의학박사)
한국건강관리협회 회장(전)
세계기생충학자연맹(WFP) 회장(전)
서울대학교 명예교수(현)
대한민국 의학한림원 종신회원(현)
한국과학기술한림원 종신회원(현)
메디피스 이사장(현)

저 서 | 『우리 몸의 기생충 적인가 친구인가』, 『임상기생충학』 외 다수
이메일 | cjy.ac.kr

건강검진 공포

나는 원래 병원 가는 것, 특히 건강검진 받는 걸 두려워했다. 혹시 뭔가 나쁜 것이 발견되면 그때부터 내가 수십 년 동안 해 오던 모든 일들이(기생충 연구를 포함하여) 일순간 올 스톱되고 말 것 같은 불안감이 있었기 때문이다. 특히, 내시경 같은 검사가 가장 싫었다. 여러모로 번거롭고, 신체 노출도 싫고, 또 위암이나 대장암 같은 것이 발견될까 두려워서다. 그랬지만 50세 즈음 교육공무원 건강검진에서 고혈압이 발견되어 하는 수없이 서울대학교병원 내과에 등록하고 혈압약을 처방받기 시작했다. 그러던 중 중성지방과 감마지티피 값이 매우 높게 나타났다. 술이 주요 원인인 것 같아 음주 횟수와 양을 줄이고 밥도 반 공기 이상 안 먹었더니 많이 좋아져 어느 정도 안심할 수 있었다. 하지만 술 결심은 늘 얼마 안 가 도로아미타불이 되고 만다. 감마지티피 값이 다시 높아졌다가 또 떨어지곤 한다. 고콜레스테롤혈증과 당뇨 전 단계도 발견되었다.

그리고 언젠가 심전도에서 심실조기박동(ventricular premature beat)이 발견되었다. 그리고 종종 가슴이 두근거려 괴로운 경우가 나타나기 시작했다. 부정맥이 생긴 것이다. 역시 음주와 커피 같은 것이 원인일지 모른다고 생각하여 커피를 디카페인으로 바꾸고 음주를 다시 줄여보기도 했다. 많이 좋아져 안심하기도 했는데 방심하면 또다시 두근거림 증상이 나타나곤 했다. 그래서 몸에 기계를 붙이고 24시간 심전도를 찍어보기도 했다. 다행히도 그 이상의 특별한 소견은 발견되지 않았다. 그래서 요즘은 디카페인을 버리고 카페인이 가득 든 커피를 다시 마시고 있다. 술은 횟수를 조금 줄였다.

나는 건강검진이 참 두렵다. 검사할 때마다 늘 뭔가 새로운 질병이나 이상이 반드시 나타났기 때문이다. 그래도 어쩔 수 없이 오랜 기간 공무원 건강검진(격년)을 받았다. 공무원 검진에서는 신체검사와 피검사, 소변검사, 가슴 x-ray, 치과검사 등을 주로 하였다. 특별히 필요한 경우가 아니면 CT, MRI나 초음파검사, 내시경검사 등은 하지 않았다. 가장 가까운 친구가 위내시경검사와 대장내시경검사를 잘 받았다고 하며 내게도 검사받기를 몇 차례 권했지만 나는 듣기만 하고 그냥 흘려버리곤 했다.

그런데 한국건강관리협회 회장이 되면서(2016년) 종합건강검진에 대한 홍보대사 역할을 하지 않을 수가 없게 되었다. 그리고 협회 홍보를 위해 매스컴에 나가 건강검진의 중요성에 대한 멘트도 자주 하게 되었다. 그리고 자의 반 타의 반 본격적인 건강검진을 받기 시작했다. 그렇지만 피검사와 x-ray, CT, MRI, 초음파검사를 받았고 내시경검사까지는 받지 않았다. 결과는 대체로 정상으로 나왔다. 다만, 심장 CT에서 관상동맥이 20~30% 정도 막혀 있으니 주의해야 한다는 소견이 나왔다. 운동 부족이 큰 원인인 것 같아 바로 다음 날부터 우리 동네 뚝방길을 걷기 시작했다. 매일 걸으려 했지만 작심삼일... 일주일에 겨우 2~3회 정도 걷게 되는 것 같다. 그리고 여름에는 더워서 겨울에는 추워서 걷기가 매우 힘들다.

협회 6년간의 검진 결과에서 가장 걱정되는 소견은 암 표지자 중 하나인 proGRP 수치가 정상치보다 다소 높게 나온다는 점이었다. 이 효소는 폐의 소세포암이나 신장 기능 이상이 있는 경우에 증가하는 것으로 알려져 있다. 이 수치가 지금도 약간 높은 정도에 머물고 있어 내심 큰 걱정이다. 다만, 6년 동안 계속 비슷한 수치를 보이고 있고 급격히 증가한 경우는 없어 크게 걱정할 일은 아니라는 선생님들의 조언을 받은 후 다소 안심하고 있다.

또 한 가지는 협회 피검사에서 비타민 D(특히 비타민 D3)가 부족하니 보충하라는 경고가 나온 점이었다. 비타민 D는 햇볕을 쬐면 자연적으로 몸에서 생성되는 비타민으로 특별히 따로 보충할 필요가 없는 것으로 알려져 있다. 그리고 나는 가끔 골프를 하기 때문에 햇볕은 충분히 받고 있다고 생각하여 별다른 조치를 하지는 않았다. 그런데 어느 날 아침잠에서 깨어 일어나려는데 온 사방이 빙글빙글 돌며 어지러워 가만히 서 있기도 힘들고 구토까지 나오려 하였다. 어찌 된 일인가 하여 출근을 하지 않고 쉬면서 여기저기 인터넷에 나오는 의학상식을 뒤져 보았다. 몇 가지 가능성이 있었지만 특히 어지럼증이라는 것이 눈에 띄었다. 어지럼증 중에서도 특히 이석증(耳石症)의 가능성이 매우 높았다. 자가 진단도 해 보고, 이석정복술과 전정기관 강화법이라는 요법을 그대로 따라해 보니 증상이 크게 호전되었다. 동네 이비인후과를 찾아갔더니 이런저런 진단 방법을 시도해 보고는 이석증이 맞다고 하였다. 이석증의 원인은 매우 다양하지만 비타민 D 결핍과 상당한 관계가 있는 것 같다. 전정기관 강화 운동과 이석정복술 등을 열심히 하고 비타민 D를 꾸준히 복용한 후로는 지금까지 다시 어지럼증이 나타나지 않고 있다. 다만, 경구 복용하는 비타민 D는 장내에서 흡수가 잘 되지 않아 문제가 될 가능성이 있다는 조언을 들으니 다시 걱정이다. 햇볕을 자주 쬐도록 노력해야겠다.

위내시경 검사와 대장내시경 검사를 포함한 종합건강검진을 처음 받은 것은 건협 회장을 끝내고 1년 5개월 후인 2023년 5월이었다. 장을 깨끗이 하기 위해 미리 해야 하는 전 처치 과정부터가 무척 힘들었다. 검사 이틀 전부터 식사를 절제해야 함은 물론이고 하루 전에 설사제와 장 청결제를 여러 차례 먹은 다음, 물을 엄청나게 마셔야 했다. 수십 년 동안 내가 흡충류와 조충류 성충 확인을 위해 수많은 환자들에게 시행했던 '당일 설사 유도과정'은 이에 비하면 무척 간단한 편이었다. 내시경의 경우에는 장이 완전히 청결해야 시야 확보가 가능하고 검사를 성공적으로 할 수 있어 이틀간의 긴 전 처치가 필요하지만 충체 확보만을 목표로 하는 경우에는 당일 아침에 하제 단 1회 투여와 물 섭취만으로 충분한 정도의 설사 유도가 가능하기 때문이다.

완전히 물만 나올 때까지 장을 깨끗이 한 다음 아침 7시에 협회 동부지부로 갔다. 피검사, x-ray, CT, 초음파검사 등을 마친 후 내시경실로 들어갔다. 다리를 굽히고 옆으로 쪼그려 누운 다음 순간부터는 전혀 기억이 나지 않았다. 수면 내시경이었기 때문이다. 다행히도 위내시경, 대장내시경 모두에서 특별한 이상소견은 발견되지 않았다. 혹시 암이 발견될까 봐 조마조마했는데 안도할 수 있었다. 그런데 위(胃)에서 헬리코박터균이 양성으로 나왔다. 속이 쓰린 경우가 자주 있었는데 아마도 이것 때문이었나 보다 하는 생각이 들었다. 항생제를 처방받은 후 집으로 돌아와 치료를 시작했다. 그런데 그 항생제는 내가 먹어본 것 중에서 가장 쓴맛이 강한 약이었다. 옛날 어릴 적에 먹어본 '건계랍(Atabrine?)'이란 약이 가장 쓴 약이었던 것으로 기억되는데 이 항생제는 그보다 조금 나은 정도였던 것 같다. 처방은 2주간 항생제 복용으로 되어 있고 10일 이상은 참고 약을 먹어야 한다고 했는데 나는 8일간 복용한 후 쓴맛을 견디지 못하고 그만 중단했다. 그러나 다행히 추적검사에서 제균이 성공적으로 잘 되었다는 결과가 나와 안도의 한숨을 쉴 수 있었다.

금년 5월에는 종합건강검진을 다시 한번 받게 되었다. 이번에도 내시경 준비과정은 2년 전과 동일하였다. 장 청결을 끝낸 후 아침 7시에 협회 서부지부를 방문하여 여러 검진 과정을 거치기 시작했다. 역시 마지막 단계로 위내시경과 대장내시경을 받았다. 쪼그려 앉아 옆으로 누운 순간부터 기억이 없어졌다. 한참 후 깨어나보니 회복실이었다. 이번에는 위벽에서 궤양이 발견되었다고 하였다. 그리고 대장에서는 용종이 발견되어 즉시 제거했다고 하였다. 다행히 위 생검 조직에서 궤양 외에 특별히 나온 소견은 없었다. 최근에 속쓰림 증상이 다시 생겼는데 위궤양 때문이었던 것 같다. 헬리코박터균이 다시 감염된 건 아닐까 걱정도 되었지만 이번에는 헬리코박터균 음성으로 나타났다. 위궤양 약을 처방받아 한 달 동안 먹었는데 증상이 많이 좋아졌다.

나는 이렇게 병원 외래방문과 협회 종합건강검진으로 건강 유지에 무척 많은 혜택을 받았다. 고혈압에서부터 높은 중성지방, 감마지티피 증가, 고콜레스테롤혈증, 당뇨 전 단계, 심실조기박동, 부정맥, 심장관상동맥 협착, proGRP 증가, 비타민 D 부족과 이석증, 헬리코박터 감염증, 위궤양, 대장 용종 등 다양한 병을 경험했고 혈압약은 지금도 복용 중이다. 우리나라는 건강검진 천국이 되었는데 특히 40~60대 중장년층에 대한 건강검진은 질병 조기 발견이라는 커다란 목표를 충실히 해내고 있다고 생각한다. 다만, 70세 이상 노인에 대한 과다한 건강검진은 다소 부정적이다.

최근 서울대 의대 조ㅇ연 명예교수께서 어느 기관지에 기고한 글 중에 '70대 후반의 노인에게 무분별하게 시행되고 있는 건강검진은 생각해 볼 필요가 있다'라는 의견을 주셨는데 와닿는 바가 크다. 잔여 수명이 10여 년 정도 남아있는 사람에게 매년 건강검진을 하여 암을 조기 발견한다고 한들 무슨 큰 의미가 있겠는가 하는 의문을 제기하기도 하셨기 때문이다. 기대수명이 크게 늘어나기는 어렵고 여러 가지 시술과 치료로 환자가 고생하는 경우가 많기 때문일 것이다. 암이 생겼더라도 공격적으로 대하기보다는 내게 찾아온 귀한 손님 정도로 알고 친하게 지내며 조심조심 대하는 편이 훨씬 나은 결과를 가져올 것이라는 어느 원로 교수님의 말씀이 생각난다.

(2025. 10. 2)

아마존강 상류의 수상가옥

지난해 6월 페루 수도 리마(Lima)와 로레토지역의 이키토스(Iquitos)시, 그리고 수상가옥의 동네 벨렌(Belen) 지역을 방문할 기회가 있었다. 내가 이사장으로 있는 글로벌 보건 NGO '메디피스(Medipeace)'가 벨렌 지역의 학생 장내 기생충 감염 관리사업을 한국국제협력단(KOICA)으로부터 수주받게 되어 이를 수행하기 위해서였다. 메디피스 페루 지부의 김세현 지부장이 현지에 있으면서 미리 일부 자료를 조사했는데 여러 가지 기생충 감염이 높다는 사실을 어렴풋이 알고 있으나 제대로 된 관리사업을 한 적은 없어 관리사업 수행이 시급한 곳이라 하였다. 함께 기생충 검사를 담당할 일행으로는 경상대 의대 손운목 명예교수와 송호대학교 김동찬 교수가 동행하였고, 우리 일을 도와줄 메디피스 직원 김은서 주임과 이해람 주임이 주요 멤버로 이 사업에 참여하였다.

　인천공항에서 출발한 후 미국 로스앤젤레스(LA)를 경유해 페루 리마에 도착하니 우리 일행은 거의 파김치가 다 되었다. 총 비행시간만 해도 20시간이나 되는데 LA 공항에서 비행기 출발이 3~4시간이나 또 지연되었기 때문이었다. 우리나라에서 가장 먼 서아프리카 세네갈에도 몇 차례 다녀왔지만 두바이 공항이나 파리공항 호텔에서 잠시 눈을 붙인 후 연결편을 탔기에 큰 어려움은 없었는데 페루는 LA 공항에서 바로 연결편으로 갈아타 더욱 힘들게 느껴졌다.

　아침 10시경 리마에 도착했지만 숙소에서 그대로 잠에 떨어져 저녁 무렵에야 일어날 수 있었다. 이틀간 페루 보건부, 질병관리청 등을 방문한 후 이키토스로 가는 국내선 비행기에 몸을 실었다. 이키토스 공항은 우리 지방 공항보다 열악했다. 짐 찾는 곳에 회전 벨트조차도 없었고, 한 곳에 가방을 쌓아 두면 각자가 자기 가방을 챙겨가는 그런 구조였다. 이키토스에서 묵은 게스트하우스는 그런대로 편리한 점이 많았다. 다음 날 아침 김 지부장이 마련한 차를 타고 아마존 강가의 벨렌 지역으로 이동했다. 강가에 인접해 있는 보건소 앞에 내려 강가 쪽을 바라보는 순간 '앗!' 소리가 나왔다. 기막힌 광경이 펼쳐져 있었기 때문이었다. 즐비하게 늘어선 집들이 모두 물에 둥둥 떠 있으면서 기다란 각주(脚柱)에 겨우 의지하고 있었다. 집과 집 사이에는 좁은 널빤지가 길게 놓여 있기도 했고 주민들은 이 널빤지 위를 곡예 하듯 걸어서 이동하기도 했다. 그러나 대부분의 이동은 보트를 이용해야 하는 곳이었다.

우리 사업은 수상가옥의 초등학교 4곳을 대상으로 한 것이어서 우선 학교 한 곳을 방문하기로 하였다. 육로로 갈 방법은 없어 기우뚱거리는 3~4인용 작은 보트를 타고 5분 정도 이동하니 학교가 보였다. 물이 좀 빠진 상태라 학교 바로 주변은 바닥이 많이 드러나 있었다. 그런데 바닥을 보니 군데군데가 온통 분변으로 가득했다. 사람 변, 개 변 등으로 보이는 것들이 여기저기 널려 있어 땅을 제대로 딛고 걸음 옮기기조차도 힘들었다. 겨우 30~40미터 정도를 걸어가니 사다리에 연결된 건물 위층에 학교 입구가 나타났다. 우리 일행이 학교 안으로 들어가니 갑자기 음악이 터질 듯이 시작되고 어린이들이 춤을 추면서 우리 일행을 맞아 주었다. 교장 선생님께 인사를 드리고 선생님들과 학생들과 잠시 인사를 나눈 후 학교를 둘러보았다.

친절한 교장 선생님이 우리를 안내하여 가장 먼저 보여 준 곳은 학교 전용 물탱크였다. 이 물탱크는 운동장(나무판자로 연결된 바닥) 한쪽 편에 위치한 싱크대로 연결되어 있고 수도꼭지에서 물이 나오도록 되어 있었다. 학생들은 손발을 씻기도 하고 물을 마시기도 한다고 했다. 그런데 놀라운 것은 물탱크의 물을 어디에서 가져오는지 물으니 강물 한쪽을 가리키며 저기에서 가져온다고 하는 것이 아닌가? 언뜻 보기만 해도 아마존강의 같은 지류이고 수상가옥과 조금 떨어져 있긴 하지만 물길이 그대로 연결된 곳이었다. 수초에 둘러싸인 작은 호수처럼 보였다. 그런데 그 호수 한복판에 화장실(공중화장실?)이 하나 놓여 있었다. 분변이 그대로 강물로 흘러 들어가도록 되어 있던 것이다. 우리는 한동안 할 말을 잃었다. 질문할 생각도 할 수 없었다. 보건-위생 수준과 의식이 너무나 낮았던 것이다.

이 지역은 아마존강 상류(지류)의 한 지점으로 우기가 되면 비가 많이 와 집들이 물 위에 떠 있는 수상가옥이 되고(1년 중 4~5개월), 건기가 되면 물이 빠져 땅이 드러나 있는 상태가 된다. 가장 큰 보건위생상의 문제는 두 가지였다. 열악한 화장실 구조, 그리고 적절한 식수가 없다는 점이었다. 정화조가 있을 리 없고 대소변은 100% 그대로 물속에 버려지고 있었다. 분변은 수상가옥 주변의 물 전체를 오염시키며, 또 건기가 되면 땅 위에 그대로 내려앉아 주변 땅을 모두 오염시키게 된다. 수돗물 공급이 안 되고 생수를 따로 구입해 마시는 것도 경제적인 이유로 어려워 강물을 그대로 마시는 경우가 많다고 하였다. 그러다 보니 이곳은 우기에는 갖가지 수인성 전염병이, 건기에는 토양매개성 기생충병이 창궐하는 곳이 되었다.

초등학교 4곳 약 1,000명의 어린이로부터 분변을 수거하여 아마존대학 연구소에서 기생충검사를 시작했다. 몇 명 검사가 진행되기도 전에 우리는 깜짝 놀랐다. 표본 중에 회충(蛔蟲) 알이 현미경 시야에 가득 차 있어 분변보다 충란이 더 많이 보이는 경우가 허다했기 때문이다. 편충(鞭蟲) 알도 자주 검출되었다. 그리고 침전법으로 시행한 원충 검사에서는 람블편모충과 이질아메바 등 여러 종류의 장내 아메바와 편모충류가 검출되었다. 모두 종합하면 전체 기생충 양성률이 80%에 달했다. 이 정도의 수치는 사실상 그 지역 어린이 모두가 기생충에 감염되어 있다는 것을 의미한다.

신체검사와 빈혈검사를 시행했는데 많은 어린이들이 영양결핍과 발육부전의 소견을 보였고 상당수에서는 심한 빈혈을 나타내었다. 우리는 검사 직후 학생 전원을 대상으로 비타민과 철분 등을 제공하였고 회충과 편충 치료를 위해 알벤다졸을, 장내 원충류 치료를 위해 메트로니다졸을 각각 투여하였다. 특히, 알벤다졸 투약은 4개월 간격을 두고 1년에 3회 시행하기로 결정하였다. 첫 투약 후 3개월 정도 지났을까? 페루 지부의 김지부장으로부터 기쁜 소식이 도착했다. 어린이들의 혈색이 크게 좋아졌고 모두가 활기차게 뛰어다닌다는 것이다. 전에 우두커니 쪼그려 앉아만 있던 아이들도 몰라보게 활발해졌다는 것이다. "이런 보람으로 국제협력사업을 하는구나"하는 생각이 들었다.

다만, 기생충 감염은 한두 번의 집단투약만으로는 해결될 수 없고 10년 이상 지속적인 반복 투약이 필요하다. 재감염이 한없이 계속되기 때문이다. 특히, 이 지역은 수상가옥이라는 구조적인 문제와 열악한 화장실 때문에 아무리 집단투약을 해도 쉽게 호전되기가 어려울 것으로 전망된다. 로레토 지방 정부도 이 지역의 열악한 상황을 잘 알고 있으나 마땅한 대안을 마련하지 못하고 있다고 한다. 마을 전체를 다른 곳으로 집단 이주시키는 게 가능할지 검토했을 정도라고 한다. 그러나 결코 간단한 문제가 아니었을 것이다.

가야 할 길은 멀지만 우선 시작해야 할 일은 연 3회 이상의 집단구충 사업을 계속하면서 보건교육과 환경개선 사업을 함께 시행해야 할 것으로 판단되었다. 화장실 개선사업은 가장 시급한 1순위가 되어야 할 것이며, 적절한 식수 공급이 뒤따라야 할 것이다. 수상가옥 주변의 강물 정화를 위해 이른바 WASH(Water, Sanitation and Hygiene) 사업이 최우선으로 시행되어야 할 것이다. 보건교육, 특히 어린이는 물론이고 어른들의 보건-위생 교육도 시급해 보였다. KOICA 사업이 3년으로 되어 있어 내년이 마지막 해가 된다. 일단 급한 불을 잠시 끄기는 했지만 방치한다면 금방 기생충 감염이 다시 창궐할 수 있어 걱정된다. 최소한 이 지역에 대한 제2차, 제3차 사업이 계속 추진되어야 한다. 내년에 KOICA 제2차 사업 수주를 무난히 받게 되기를 간절히 바란다.

(2025. 10. 3)

유형준

profile

약 력 | 수필가, 시인(필명 유담). 서울의대 및 동대학원(의학박사), 서울대학병원 내분비내과(내과전문의), 한림의대 내과 및 의료인문학 교수, 한국의사시인회 초대회장, 문학청춘작가회장, 박달회장, 문학청춘작가회 동인상 수상

현 재 | CM병원 내분비내과장, 의학과 문학 접경연구소장, 함춘문예회장, 한국의사수필가협회장, 쉼표문학 고문

저 서 | **시집** 『두근거리는 지금』, 『가라앉지 못한 말들』
산문집 『늙음 오디세이아』, 『의학에서 문학의 샘을 찾다』(2023년 출판콘텐츠 창작지원사업 선정작), 『글 짓는 의사들-의사문인열전』, 『우리나라 최초 의사문인 포백 김대봉 문학선』

주 소 | 02828 서울 성북구 북악산로 844 브라운스톤아파트 115-1803
이메일 | hjoonyoo@gmail.com

진료는 무엇으로 겨냥하는가?

"삐리릭"

영상 하나가 휴대전화 알림 소리를 내며 진료실에 들어선다. 낙서가 어지러운 허름한 벽에, 낙엽 떨군 허기진 나뭇가지처럼 녹슨 철제 계단이 웅크려 붙어 서 있다. 차마 지우지 못한 'ㄱㅅ곱창 자리' 여섯 글자를 달고 진료실로 들어왔다. 영상 속에서 홍대 입구 언저리에 자리했던 곱창집 간판 글씨가 고문서 표제처럼 삭고 있다.

아침이면 더러 영상을 보내오는 이는, 일상을 겨누어 새로운 시각을 영상으로 생생하게 포착해 내는 사진작가다. 시인이기도 하여, 최근엔 영상과 시의 콜라보로 추억을 담아내는 작업에 몰두하고 있다.

삼십 대 환자가 진료실에 들어섰다. 꽤 당황해 보였다. 별안간 체중이 빠지고 간단없는 갈증에 쉴 새 없이 물을 찾고 소변을 보고… 가까운 의원에서 혈당을 재니 '측정 불가'로 떴다. 측정기가 인식할 수 있는 범위를 넘어선 높은 수치였다. 원장님은 당뇨병이라며 서둘러 치료하길 권했다. 집안 내력이 전연 없는데… 온 가족이 근심 속에, 집안의 의료계 인사 소개를 받고 황급히 달려왔다. 머뭇거림 없이 당뇨병 관리를 시작했다. 식사와 운동을 포함한 실생활을 꾸준히 다듬어야 하는 당뇨병 관리의 두드러진 특성 덕분이랄까, 진료받고 진료하면서, 서로를 조금씩 알 수 있는 일들이 쌓여갔다.

혈당이 다소 안정되고, 꾸준함이 제일의 관리 덕목으로 자리 잡아갈 무렵, 진료를 받고 나가며 책 한 권을 내밀었다.

"선생님, 감사를 주제로 쓴 시 모음집이에요."

"아, 예. 감사합니다. 귀한 책 선물을… 정성스레 감상하겠습니다."

뜻밖의 선물에 수식을 보탤 겨를 없이 답례의 말을 했다.

"시에 관심이 깊으신가 봅니다."

그 무렵 대학에서 의료인문학 교수를 겸임하고 있었다. 의예과생들에겐 '의사와 독서', 본과생들에겐 '의사와 문학'을 주제로 강의하였다. 한 학기 강의는 마지막 시간의 평가로 마무리했다. 통상의 시험문제 풀이가 아니라, 제시한 질문에 관한

개개인의 견해와 그 배경을 발표하고, 함께 의견을 나누는 방식이었다. 자주 다루었던 질문 하나 떠오른다.

"진료를 마칠 즈음에 환자가 책 한 권을 건넸다. 작가인 딸이 쓴 시집이었다. 문학에 별 관심이 없는 의사인 나는 시집을 적어도 한 번 훑어라도 보아야 하는가, 아니면 건성으로 받아두기만 하나?"

환자는 '질병에 걸려서 여러 가지 걱정을 하는 자'이고, 의사는 '일정 기준 이상의 의학적 지식과 의료기술을 소지하고 공적 자격을 받은 자'로 정의할 수 있다. 환자는 아파서 의사를 찾고, 의사는 치료해 주려고 환자를 만난다. 즉, 진료가 이루어진다. 진료는 최선의 치료를 그 목적으로 한다. 전문의학적 치료에 골몰한 진료의 전문화, 의료기기의 발전 등은, 진료에 질병만 남기고 환자는 소외시키고 있음을 부인할 수 없다. 이에, 의학적 증거에만 몰입하여 벌어지는 비인간화를 극복하고자, 여러 제안과 노력이 시도되고 있다. 그러한 노력의 하나로, 친구처럼 진료하길 권고하는 의견도 있다. 그러나 잘 알고 있듯이, 예를 들어, 당뇨병을 관리할 때, 식사요법과 운동요법이 꾸준히 제 몫을 하려면, 역시 끊임없이 엄격한 지시와 평가의 지탱이 돌기둥처럼 서 있어야 한다. 즉, 정의적(情意的) 입장과 전문적 엄격성, 어느 쪽이 더 의사가 추구하는 최선의 목표를 달성하는데 이로운가? 한 환자가 보낸 한 장의 영상에 그리 질 긴 눈길을 줄 필요가 있는가?

　– 건강한 사람이 아프면, 고통을 줄이고자 하는 욕구가 생겨, 의사를 만나고, 치료를 받는다. '의사를 만난 환자는 신뢰와 희망이, 의사는 공감과 동정이 발동하여 작용한다. 이러한 심리 작용들이 긍정적으로 또는 부정적으로 이루어진다.' 이탈리아 토리노 의대 파브리지오 베네데티 교수의 말이다. 긍정과 부정의 갈림길에서 온전히 긍정의 결과만 열매 맺게 하려면 어찌해야 할까. – 유형준, 「혈압을 만진다」에서 –

　진료는 실생활이다. 질병과 건강은 사람과 함께 하고, 질병과 건강을 다루는 진료는 사람과 더불어 살아가는 실생활이다. 앞서 떠올랐던 의료인문학 문제를 다른 말로 풀어 본다.
　"의사는 아픈 환자를 찾아 치료해 주는 믿음직하고 박식한 친구인가? 아니면 의학적 치료에만 집중하기 위해, 진료실 밖의 관계는 될수록 닫아 두어야 하는 의료 전문가인가?"
　아무리 알코올 냄새 진하고, 백색 강렬한 진료실이라도, 오랜 벗처럼, 손만 잡아도, 어깨만 툭 쳐도, 울컥 모든 사연이 목울대로 넘어가 봄눈 녹듯 녹아버리는 신통함. 솔직히 아직은 아득한 꿈속의 꿈일지라도, 그것도 바로 최선의 치료를 이루는 한 부분 아닌가.

그 후로도 그녀는 문학을 포함한 예술 영역에서 남다른 재능을 발휘하고 있다. 연전에 사진예술 전공학과에 입학하여, 육순인 올해 졸업전시회를 연다는 소식도 들었다.

이른 아침 햇살에 실려 온 영상 오른쪽 아래, 대상을 겨냥한 작가의 마음이, 짧지만 진한 시(詩)로 적혀 있다.

'너의 적극적인 표정이／ 얼마나 간절함을 가지고 있는지／ 이제는 알 것 같다／ 꾸준한 애정으로 너를 본다.'

새벽이다

　　　　새벽의 여신 에오스가 오른손으로 백합꽃 향기를 살포시 쥐고, 장밋빛 선명한 왼 손가락으로 밤의 장막을 집어 하늘로 사무치게 걷어 올린다. 저 멀리 부드러운 황금빛 지평선. 곧이어 태양신 헬리오스가 빛을 한껏 비추면 세상엔 아침이 가득해질 것이다. 프랑스 사실주의 화가 아돌프 부그로는 여성 몸태의 아름다움과 우아함을 존중하면서, 새벽에서 아침으로의 부드럽고 섬세한 깨어남을 백합화 향기 모으듯 포착한다.

　여느 때처럼 어둠을 거두던 어느 날, 에오스는 트로이 왕자 티토노스를 만난다. 사랑에 빠진 그녀는 티토노스를 납치하여 세상의 조용한 끝으로 가 자식을 낳고 산다. 그러나 사랑의 불꽃 사이로 어른거리는 현실을 깨닫는다. "나는 신이지만, 그는 인간이어서 죽어야 하지 않는가."

제우스를 찾아가 티토노스의 영생을 간청한다. 그러나 장밋빛-밤을 거두는 손가락의- 사랑은 눈을 멀게 했을까. 인간 세상에 넘쳐흐르는 늙음, 바로 닥칠 그 늙음을 못 보았다. 목숨의 길이 연장에 집착하여, 젊음의 불길이 꺼지지 않게 해달라는 청을 잇는다. 제우스는 그녀의 간절한 청에 철저히 충실하게, 불멸을 허락한다. 결국 무한한 늙음을 준다.

세월이 쌓여가자, 티토노스는 어쩔 수 없이 시들어간다. 기력이 떨어져 점점 낡아가는 흉하게 쪼그라든 사지와 허물어진 의지는 그를 꼼짝 못 하게 한다. 거동 못 하고 스스로 일상을 거둘 수 없으면서도, 죽을 수 없어 고통스러워하는 사랑을 차마 지켜볼 수 없다. 또한 자신의 짧았던 생각에 슬피 낙담하며 그를 골방에 가둔다. 티토노스는 더 쪼그라들고, 쇠하며 희미하게 스러져 가는 목청으로 끊임없이 중얼거린다.

"에오스, 에오스, 불멸의 은총을 찾아줘."

한참 뒤, 골방 문을 열어보니 티토노스는 간데없고 매미 한 마리가 울고 있다. 제우스의 측은지심이 변신시킨 불멸의 티토노스는 여전히 중얼거리고 있다. 물론 매미 소리로 "맴 맴"

새벽의 여신 에오스의 연인 티토노스는 왜 하필 매미로 변신했을까. 언뜻 플라톤이 쓴 '파이드로스'의 한 대목이 떠오른다. 매미 떼 맴맴거리는 강둑에서, 소크라테스는 제자 파이드로스와 대화한다.

"매미는 원래 사람이었다. 먼 옛날, 최초의 뮤즈는 그들에게 노래를 들려주었다. 노래에 빠진 그들은 먹고 마시고 자는 것을 잊고 죽어갔다. 뮤즈는 그들에게 먹지 않아도 자지 않고도 살 수 있는 혜택과 태어나서 죽을 때까지 노래하는 선물을 주었다. 매미는 노래하며, 그들의 노래가 인간을 게으르게 만드는지, 아니면 노래의 달콤한 유혹을 견뎌낼 수 있는지 지켜보고 있다."

매미는 허물을 벗고 우화(羽化)하며 이전과 다른 꼴로 살아간다. 이런 생태 특징 때문에, 동서양 모두에서 매미는 재생·부활 심지어 동양에선 탈속(脫俗)의 신선으로까지 상징화되었다. 특히 동양의 선비들은 이슬을 먹고 사는 청렴과 처소 없이 지내는 검소와 때가 되면 죽음을 맞는 신의를 갖춘 매미를 군자의 표상으로 여겼다.

동서고금을 넘나드는 제우스가 이런 사정들을 모를 리 없었을 게다. 절절한 사랑을 누구보다 잘 아는 애처로움이, 재생하고 부활하여 쉴 새 없이 연인의 이름을 부르는 매미로 바꾸었으리라. 그 후 에오스는 매미 울음을 들을 때마다 사랑했던 인간, 티토노스를 그리워했다.

장밋빛 동살이 빌딩과 빌딩 사이를 지나 진료실에, 의료계 뜰 안에, 새벽으로 스며든다고 무엇이 바뀔까. 해결해야 할 안타깝고 답답한 문제들은 겨울 나목의 가지처럼 매서운 찬바람에 떨고 있는데, 아끼고 아끼는 의업의 고갱이만이라도 훼손되지 않기를 바라는 간절한 소망을 이룰 수 있을까. 큰 목소리로 외치고, 억센 험상으로 떨쳐 보인다고 이루어질까.

먼저, 에오스처럼 사랑이란 이름 하나로 덤벙대며 구하지 말자. 정작을 빠뜨리기 십상이다. 무엇을 구할지 새벽 햇살을 한 가닥 한 가닥 차분히 헤아려보자. 그러다가 혹여 만에 하나라도 매미가 되어, 되돌릴 수 없는 불사의 수레바퀴에 매달려 울어야 한다면, 누구에게도 지청구를 퍼붓지 말자. 수레바퀴는 저절로 굴러간다. 누가 굴리는 게 아니다. 노후한 목소리로 스러져가는 '에오스 에오스'는 신음일 뿐이다. 바퀴 회전 속도에 운율 맞추어 노래 부르자. '맴맴' 부활이 재생하고 재생이 부활하도록 '맴 맴' 고작 열흘 남짓이라도 제대로 하늘 보고 살 결기로, 십여 년이고 땅속에서 뿌리의 수액으로 목축이며, 불멸의 은총을 만끽하자. '맴 맴' 귀 어지러운 이들에겐 신음으로 들릴지라도.

세월의 진한 은빛 수레바퀴로 아침은 어김없이 밝아 온다. 새 아침은 지난해의 허물을 벗은 새로운 아침을 부르는 이름이다. 되도록 알몸으로, 껍질을 벗고 맞는 그 아침만이 새 아침이라 불릴 값어치가 있다. 새 아침을 갈망하는 새벽, 영국의 계관시인 알프레드 테니슨의 시 '티토노스'의 마지막 부분을 떠올린다.

그러면 아침마다 너의 아름다움을 새롭게 할 것이다.

나는 땅속의 땅에서 이 텅 빈 안뜰을 잊고, 그리고 너는 은빛 바퀴로 돌아온다.

이상구

profile

서울 출생
경희의대, 동대학원 졸업(의학박사)
경희대학병원 신경정신과 전문의 수료(신경정신과 전문의)
한국정신분석학회 정회원
이상구신경정신과 원장(현)
수필가(한국문인협회 정회원)

주　소 | 서울시 영등포구 영등포동 3가 6번지 이상구신경정신과
이메일 | leesg329@hanmail.net

Phaedra
죽어도 좋아

언제부터인지 마음이 안정되지 않고 뒤숭숭하면 하늘을 올려 보게 된다. 구름 한 점 없는 맑은 가을 하늘을 보면 마음이 깨끗해지고 정신도 맑아진다. 그러나 근래에 이런 날은 별로 없고 구름이 낀 날이 많다. 하얀 구름이 하늘을 캔버스 삼아 걸작을 그려내는 광경을 보고 있으면 위대한 자연의 섭리가 느껴진다. 반면 먹구름이 잔뜩 끼어 어둡고 우중충하면 기분도 함께 가라앉는다. 이런 날은 마음의 안정을 찾으려던 본래의 목적과는 달리 오히려 다른 번민의 세계에 빠져든다. 사소한 자연 현상에도 쉽게 감정이 변하는 나의 정신세계는 과연 어떠할까? 칠십 중반이 지나도록 살아오면서 세상만사를 지겹도록 경험하고 산전수전도 겪었으니 웬만하면 내공이 쌓여 인생을 관조하며 살아갈 수 있는 정신세계를 가질 만도 한데 아직도 이런 경지에 이르지 못하고 있다.

　독서의 계절인 가을에 고전 소설들을 읽어 보고 싶은 욕망이 생겼다. 정신세계의 갈증을 해결하기 위한 좋은 방법이라 생각하고 시도를 하였다. 그러나 나이 탓인지 눈이 침침하고 피로해져서 장시간 책 보기가 힘들었다. 이런 상황에서 문제 해결을 해줄 방법을 찾던 중 e-book과 yutube가 도움을 줄 수 있다는 것을 알게 되었다.

　yutube에서 우연히 찾은 채널은 〈고전 책방〉이다. 명작들을 정리해서 줄거리를 알려주고 해설도 해준다. 읽고 싶은 책들이 다양하게 있었으나 그중 눈길을 끈 것은 〈브람스를 좋아하세요...〉였다. 〈브람스를 좋아 하세요...〉는 프랑수아즈 사강이 24세에 쓴 작품으로 중년 여인의 애정관과 사랑을 다룬 작품이다. 주인공 폴(39세)은 이혼 후 인테리어 가게를 운영하며 연상인 로제(40세)와 5년간 연인 관계를 맺지만, 구속을 싫어하고 자유분방한 성격을 가진 로제는 성실하지 못해 폴에게 자주 상처를 준다. 젊을 때처럼 강렬하고 정열적인 사랑보다 안주하는 삶을 추구하던 주인공 앞에 시몽(25세)이라는 변호사가 등장한다. 결국 폴은 시몽과 사랑에 빠지지만 여전히 로제를 잊지 못하고 결국 시몽과 헤어진 뒤 로제와 다시 맺어진다. 이 소설을 원작으로 만들어진 아나톨 리트박 감독의 영화

〈이수(원제 Good bye Again)〉에는 배우 잉그리드 버그만, 이브 몽땅, 안소니 퍼킨스가 출연했다. 영화 속 인물 모두 각자의 삶으로 돌아가는 것으로 결말이 났다.

내가 이 영화를 본 것이 사춘기 때였는데, 인상 깊게 기억하던 장면은 시몽이 사랑에 실패하고 과속으로 차를 몰고 가다가 벼랑에 떨어져 죽는 장면이었다. 그러나 실제 〈이수〉에 그런 장면이 있었던 것이 아니고, 의붓어머니와 아들 간의 이루어질 수 없는 비극적인 사랑을 그린 줄스 다신 감독의 영화 〈페드라 : 죽어도 좋아〉의 결말에서 아들이 의붓어머니 페드라의 이름을 부르며 과속하다가 절벽에 떨어져 죽는 장면이 있었는데, 내 기억 속에 두 영화가 짜깁기돼 새로운 영화로 각색돼 있었던 것이었다.

왜 이런 착각을 했던 것일까? 당시 두 영화의 주인공이 모두 안소니 퍼킨스였다. 그는 미남 배우로 명성이 있었기에 사춘기 소년이었던 나에게 동경의 대상이 되었다. 그렇기에 나도 모르게 그를 동일시하려는 무의식이 작용했을 것이다. 〈이수〉와 〈페드라〉 모두 주인공이 사랑했던 대상이 연상의 여인으로 일치했고, 해소되지 않은 오이디푸스 콤플렉스로 인해 어머니에게 버림을 받았을 때 올 좌절감과 두려움을 해결할 유일한 방법을 죽음이라고 생각했을 것이다. 그렇기에 사랑하는 어머니를 부르면서 죽어가는 주인공에게 깊은 공감을 가졌던 것으로 생각된다. 사랑하는 사람에게 버림받았다는 점에서 두 영화 속 주인공의 상황은 비슷했고 결론 또한 죽음이 유일한 방법이라고 필자가 생각하였기에 두 영화를 혼동했던 것 같다. 무의식적으로도 시몽이 죽음으로써 아름다운 사랑의 결말을 이루기를 바라지 않았나? 하는 생각도 든다.

결과적으로 이번에 다시 책을 읽으면서 그동안 갖고 있던 아름다운(?) 환상이 깨지는 아픔도 겪었다. 한편으로는 사랑을 위해 죽음도 불사하는 정열을 갖고 살아왔는지 다시 생각하는 계기도 됐다.

사강은 이 작품을 통해, 정열적인 사랑은 2년을 못 넘기며 청춘이 지나가고 늙으면 자신의 삶에 안주하면서 변화를 싫어하게 된다고 주장한다. 그렇다. 이미 변화를 싫어하고 안주하는 데 익숙해진 나의 일상적인 생활. 새로운 변화를 추구하기 두려워하는 내가 늙었다는 것은 솔직히 인정한다. 그러나 새로운 변화를 항시 두려워하고 피하려는 마음은 없다. 지금도 yutube에서 골프 레슨 동영상을 열심히 보면서 내 스윙의 문제점을 찾아 교정해 보니 발전이 있어 꿈에 그리던 에이지 슈터(age shooting)가 되어 즐거움을 만끽한다.

세상에 영원한 것이 있을까?

금년 여름은 무더위가 기승을 부리고 폭우도 자주 내려 불쾌지수가 높았는데 가을바람이 시원하게 불면서 스트레스를 풀어 주나 했더니 예고 없이 한랭 고기압이 몰아쳐서 영하의 추위가 몰려왔다. 가을 없는 겨울 날씨가 불청객으로 찾아와 다시 스트레스를 주고 있다. 하긴 10월 중순이 지났으니 추위가 올만도 하나 예고 없이 찾아온 영하의 날씨에 쉽게 적응이 안 된다. 예전에는 춘하추동(春夏秋冬) 사계절이 명확히 구분되었는데 이제는 봄이 되었나 하면 여름 더위가 오고, 가을이 왔는가? 하면 겨울 찬바람이 몰려온다.

이런 기후의 변화처럼 세상 만물은 영원하지 않고 항상 변한다. 계절도 변하나 우리들의 생각과 삶의 방식도 수시로 변하고 있다. 특히 불안정한 시국에 살아가려면 자신의 도덕관과 가치관도 세파에 흔들리게 된다. 그렇기에 오랫동안 자신이 갖고 살아온 고정관념을 고집하며 살려고 하면 현실과 갈등을 일으키게 된다. 일생을 성실하게 고지식하게 살아오면서 자신의 삶에 대한 긍정적 평가를 했던 사람은 요즘 현실에 적응하기가 더 어렵다. 자신이 옳다고 생각해온 가치관에 대한 혼돈이 와서 당황하게 된다. 청렴하고 착하게 사는 것이 옳다고 생각하고 살아온 과거의 삶의 기준이 절대적으로 옳다는 평가를 받지 못하고 자신에 대한 부정적 평가로 돌아오면 회의에 빠지고 우울증에 시달리게 된다. 이런 경우에는 신념이 무너지고 혼동의 세계에 빠져들면서 현 세태를 원망하게 된다. 자신이 갖고 있었던 '정의'의 개념이 변질되고 '선(善)'과 '악(惡)'의 기준이 불분명 해지면 우리는 극도의 혼란에 빠져들게 된다.

　작년부터 시작된 정국의 변화는 우리를 혼란 속에 빠트렸다. 진정으로 국가와 민족을 위한 애국자들은 찾기 힘들고 자신과 당리당략만을 위한 정치를 하면서 국민을 혼란에 빠트린 정치인들 때문에 국가의 앞날을 걱정하며 불안하게 지내고 있는 것이 현 상황이다. 게다가 설상가상(雪上加霜)으로 수출을 가로막는 미국의 높은 관세 폭탄으로 인해 국제적으로 경쟁력을 잃어 가고 있고, 이 문제가 제대로 해결이 안 되면 결과가 어떨지 모두가 알고 있는 이 시국에, 자신만의 이익을 위하여 투쟁하며 파업을 하는 노동투쟁에 대해 찬성할 수 있을까? 게다가 주 40시간 근무도 법적으로 정해져 초과근무도 마음대로 할 수 없게 되어 타 국가들에 경쟁력이 약화된 지금, 이제는 주 4.5일 근무도 시행하겠다는 정부 발표에 현실을 냉정하게 파악하고 있는 것인가? 하는 의문이 생긴다. 한 박자 앞서가는 일본은 근로시간 연장을 다시 추진한다고 한다. 금번 추석 연휴가 7일 이상이 되었다. 물론 직장인들에게는 황금연휴로 생각하고 즐길 수 있겠으나 큰 틀에서 보면 국가 전체의 생산성이 현저히 감소되어 수출물량이 줄어들면 결국 부메랑이 되어 기업들이 손해를 감수해야만 한다. 오늘 뉴스에서 우리나라 GDP가 감소돼 대만에 추월당하고 35위에서 37위가 되었다 한다. 한번 침체의 늪에 빠지면 반등하기 어렵다는 사실을 보여준다.

일하기 좋아하는 사람은 없다. 고되고 힘든 육체노동으로 고통스럽기보다는 편안하게 생활하면서 삶을 즐기기 원하는 것이 우리의 본성이다. 그러나 태초부터 신은 우리에게 이런 사치를 허락하지 않았다. 살기 위해서는 일을 해야만 됐다. 고대 원시인들의 삶에서도 생존을 위해 수렵과 농사를 지어야만 했다. 성실하게 일한 사람은 풍요로운 삶을 살았으나 게으른 사람들은 굶어 죽거나 도태되었다. 일을 떠나서 삶을 유지할 수 없는 것이 우리의 숙명이다. 그러나 세상은 변했다. 이제는 과거에 힘든 육체노동을 로봇이 해결해 주는 시대가 왔다.

그 결과 단순 노동 분야는 로봇으로 대체되었으며 고난도의 전문 분야도 인공지능이 일부분 해결하고 있다. 이런 속도로 과학이 계속 급속도로 발전하면 미래에 우리가 설자리는 어디일까? 특히 노동계급에 속한 근로자들의 입지는 좁아지고 일자리 구하기가 쉽지 않을 것이다.

이렇게 급변하는 시대에 적응하기는 쉽지 않다. 나이가 70 중반을 넘어선 노인이 이런 변화에 대처하는 것은 더 어렵다. 그렇기에 요즘 대세인 Chat GPT를 내 일상에 도입하고 인공지능에 대한 관심을 같고 적응하려고 한다. 대세를 따르지 않으면 경쟁에서 낙오자가 되기 때문이다. 그러나 꼭 이런 경쟁적인 삶을 사는 것이 정답일까? 마음의 여유를 갖고 양보하며 타인과 원만한 관계를 유지하며 서로가 삶을 즐기면서 살아가는 것이 우리가 바라던 유토피아 세계가 아니었던가? 그러나 이런 세계는 존재하지 않고 치열한 적자생존(適者生存)의 시대에 살고 있다. 국가 간의 치열한 경쟁 속에서 살아남지 못하면 도태되고 후진국이 된다. 그렇기에 온 국민이 힘을 모아 현 난관을 극복할 수 있도록 하는 것이 지도자가 할 일이다. 그러나 현실은 정반대로 전개되고 있다.

어차피 한번 살다 가는 인생. 죽음 앞에서 살아온 자신의 삶에 대한 후회 없이 삶을 마칠 수 있는 사람은 없다. 게다가 우리의 삶은 길어야 백 년 밖에 안 된다. 이 짧은 세월을 살아가면서 자신만이 옳다고 생각하고 타인을 배척하는 삶을 살아간다면 임종이 다가왔을 때 후회의 눈물을 안 흘릴 수 있을 자신이 있을까? 큰 도량을 갖고 자신과 생각이 다른 사람일지라도 포용하고 설득하여 목표를 향하여 함께 나갈 수 있는 용기를 가지고 인생을 살아간다면 후회가 줄어들 것이다. 화무십일홍(花無十日紅) 권불십년(權不十年)의 의미를 지금 다시 음미해 볼 필요가 있지 않을까?

순우리말인 '박달'은 '박달나무'의 준말이다.
박달나무는 찍으면 오히려 도끼가 부러질 정도로 단단한 데다가,
척박한 환경에서도 잘 자라는 속성을 갖고 있다.
이를 증명하듯, 그동안 박달회 회원들이 뿌려 온 삶의 이야기들은
오랜 시간 단단하고 견고하게 성장해 많은 이들에게
위안과 그늘이 돼주었다.

의사수필동인박달회

언어의 정원

초판 1쇄 발행 2025년 12월 11일

지은이	박달회
펴낸이	박성주
펴낸곳	도서출판 지누

출판등록	2005년 5월 2일
등록번호	제313-2005-89호
주소	(04165) 서울특별시 마포구 마포대로 15 현대빌딩 907호
전화	02-3272-2052
팩스	02-3272-2053
전자우편	jinubook@naver.com
인쇄·제본	벽호

값 15,000원

ⓒ

ISBN 979-11-87849-58-2 (03800)

이 책은 저작권법에 의하여 보호받는 저작물이므로 무단 전재와 복제를 금합니다.